一次讀完

論語

最精華的智慧

請最偉大的老師教孩子學做人

于德昌◎編著

前言

編寫說明

　　本書從《論語》中精選出100句最膾炙人口、最適合教育青少年朋友的語錄，分為孔子談學習、孔子談做人、孔子談知人、孔子談君子與小人、孔子談待人、孔子談交友、孔子談說與做、孔子談孝與禮八篇；對每則語錄都結合青少年朋友的情況進行了通俗、生動的講解；還為各條語錄搭配了相關的歷史故事，既能讓青少年朋友更好地理解這些語錄，又能學到許多歷史知識。

為什麼編寫這樣一本書？

　　編寫這本書，主要有以下三點考量：

　　一、我是六〇年代出生的人，我上學時就發現，學校和老師注重向我們傳授文化知識，而不注重向我們傳授做人的道理。一方面由於之後這種狀況一直沒有得到有效的改善，一方面由於之後的孩子所受到的干擾和誘惑越來越多，致使他們在學習做人方面的情況還不如我們那時候。可以說，就品行而言，七〇年代出生的人不如六〇年代出生的人，八〇年代出生的人不如七〇年代出生的人，因此使我們憂慮九〇年代和新世紀出生的孩子會怎麼樣，而《論語》恰恰可以在這方面發揮非常重要的，甚至不可取代的作用。

　　有人說《論語》是部政治類的書，有人說《論語》是部倫理學類的書，有人說《論語》是部教育學類的書，我說《論語》是部教人如何做人的書。《論語》曾哺育出一代又一代的有德之才，他們在不同的社會環境中都發揮了中流砥柱的作用。

應該讓現在的孩子也受《論語》之益，讓《論語》指導他們學會做人，幫助他們成為有益於國家和社會的人才。

二、我在與一些青少年朋友接觸的過程中發現，他們對現代文化知道的頗多（但大多是現代文化中表面的東西），而對傳統文化知道的甚少。你若與他們談起娛樂、體育、網路和電子產品等方面的東西，他們談得頭頭是道；而你若與他們談起傳統文化的東西，他們卻很茫然。因此我想對他們說：首先，現代文化是從傳統文化演變而來的，傳統文化是根是幹，現代文化是枝是葉，你只有掌握好傳統文化的東西，你才能掌握好現代文化的東西；其次，傳統文化賦予人的往往是「質」（即內在的東西），現代文化賦予人的往往是「文」（即外在的東西），借用《論語》中的一句話，你只有「文質彬彬」，「然後」你才能「君子」，亦即你只有將傳統文化和現代文化都掌握好，你才能成為有內涵、有風采的人（關於「文質彬彬，然後君子」一語的講解，請參閱本書有關條目）。不客氣地說，現在的孩子，「文」的東西具備的可能有餘，而「質」的東西具備的絕對不足；外在的東西具備的可能有餘，而內在的東西具備的絕對不足，致使他們往往流於膚淺。所以，應該讓他們適當學習一些傳統文化的東西，主要是包括《論語》在內的一些不可不讀的重要典籍。

但由於孩子們的選擇能力、接受能力還較弱，所以我們成人除了應該為他們做好引導性工作外，還應該多為他們做選擇性、介紹性的工作。

三、從《論語》中產生出大量的名言、成語和辭彙，它們被頻頻應用在圖書、報刊、影視、人名、地名和人們的日常交談中。無論你是否閱讀過《論語》，你無時無刻都會接觸到它們，所以有必要向青少年朋友介紹《論語》，以便讓他們瞭解、掌握這些名言、成語和辭彙。

如何編寫這本書？

一、本書對《論語》中語錄的選取，本著三個原則：1、觀點不正確的不選；2、不適合現代人的不選；3、不適合青少年朋友的不選。在此基礎上，經過不下20次的反覆甄選，最後選定這100句語錄。

二、同樣是在與現在孩子接觸的過程中，我發現他們的思維能力、理解能力已遠非我們小時候能比，因而我們不能再像以前成人對待孩子那樣看待他們。我很不贊同很多青少年勵志書那種不切實際地說些膚淺、空洞道理的做法，因為這樣做會讓孩子們反感，所以，我力求將「講解語」寫得切合實際，並賦予一定的深度。

三、尤其不敢掉以輕心的是，《論語》由於成書時間較早，對許多語句的擬法、對許多字詞的用法都與後人有一定的出入，這就給後人理解它們造成很大困難。為此，我找來多種注解《論語》的書，包括朱熹的注解本、《張居正講評四書》和多種當代人編寫的注解本。一遇到有疑義的語句、字詞，我就查閱多種書籍進行比較，「擇其善者而從之，其不善者而改之」，在此基礎上再結合青少年朋友的情況撰寫「講解語」。既然做到絕對準確是不可能的事，我就力求將錯誤降到最低程度。

目錄

孔子談學習

目錄

孔子談做人

孔子談知人

孔子談君子與小人

目録

孔子談待人

孔子談交友

目錄

孔子談說與做

孔子談孝與禮

孔子談學習

青少年朋友，「學習」一詞就來自於孔子所說的「學而時習之」這句話。孔子就是個非常愛學習、非常善於學習的人，所以他成了一位非常了不起的人物。

孔子不但自己善於學習，還善於指導別人學習。他直接教過的學生有3000多名，其中賢者72名。他間接教過的學生更是數以億計，他們就是中國一代又一代的學子。其中有許多人成了明君良相、能臣名將、清官廉吏、志士仁人或鴻儒俊才。若把這個名單列出來，恐怕篇幅比本書還要長。我們只看兩個典型的例子：宋朝第一位宰相趙普以「半部《論語》治天下」；最後一位宰相文天祥有首名為《過零丁洋》的詩，末兩句是我們熟悉的「人生自古誰無死，留取丹心照汗青」，而頭一句則是「辛苦遭逢起一經」，這個「一經」指的就是《論語》。

現在，我們請孔子也指導一下你們的學習，這將大大有助於你們成長為有品德、有知識的人才。

一、學而時習之，不亦說乎？

【出處】

　　子曰：「學而時習之，不亦說乎？有朋自遠方來，不亦樂乎？人不知而不慍，不亦君子乎？」

　　　　　　　　　　　　　　　　　　　　　── 學而篇第一

【注釋】

① 子，古代對男子的美稱或尊稱。《論語》中「子曰」的「子」，都是指孔子。

② 時：按時，時常。

③ 習：溫習，練習。

④ 說（ㄩㄝˋ）：通「悅」，高興，愉快。

⑤ 知：知道，瞭解。

⑥ 慍（ㄩㄣˋ）：生氣，怨恨。

⑦ 學而：《論語》共有20篇，每篇的篇名都取自每篇開頭的前兩、三個字（「子曰」除外），並無實際意義。

【譯文】

　　孔子說：「學了以後時常溫習，不也很愜意嗎？有朋友從遠方來，不也很快樂嗎？不因別人不瞭解自己而生氣，不也是君子嗎？」

【講解】

　　青少年朋友們會說，溫習功課很枯燥，為什麼孔子卻說很愜意呢？其實，孔

子豈不知溫習功課的枯燥，但他深知這樣做的重要性，所以他提倡要以積極的態度、要帶著興趣去做。這是其一。

其二，在溫習的過程中，不但把已學過的東西記得越來越牢，並且不斷有新的感悟、新的認識，這不是很讓人愜意的事情嗎？

有的青少年朋友，學習起來很浮躁，剛學到點皮毛，就認為我懂了、我會了，然後就不再用功了，這樣很難學到東西。學過的東西，只有經常溫習，才能記得牢、掌握得好。

譬如孔子這句話，該注釋的我們都注釋了，該講解的我們都講解了，你也聽懂了，但這僅僅是個開始。你要不斷地溫習，才能越來越體會它的重要性；特別是你要照著去做，才能受益匪淺。

需要注意的是，在這句話中，「學」和「習」是分開的，後人根據孔子這句話將二字聯結起來，組成了「學習」這個辭彙。學習學習，「學」和「習」是相輔相成、不可偏廢的：只習不學，不會學到新東西；只學不習，學過的東西很容易忘掉，幾乎等於白學。

【範例】

孔子學習從不間斷，即使到了晚年，已是滿腹經綸，在家鄉從事編書和講學，他仍堅持學習。有一次，他得到一部《周易》。《周易》是一部很難懂的書，許多人都不敢鑽研，但孔子決心要融會貫通。那時紙張還沒有發明，文字大都刻在竹簡上。孔子把用竹簡寫成的幾十斤重的《周易》帶回家，逐字逐句仔細研讀。一遍不懂，就讀兩遍；兩遍不懂，就讀三遍……這樣反覆研讀，因為讀的遍數太多了，把串聯竹簡的牛皮繩子都給磨斷了好幾次。最後他終於把這部書融會貫通，並作《十翼》（共十篇），向弟子們講授和闡釋《周易》的義理。因為

孔子讀《周易》多次磨斷了牛皮繩子，後人於是稱這段佳話為「韋編三絕」。

「韋」指熟牛皮；「編」指用熟牛皮做的串書簡的繩子；「三」，幾次，多次；「絕」是斷的意思。

閱讀筆記

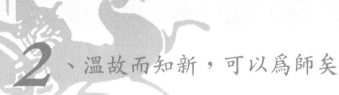

2、溫故而知新，可以為師矣

孔子談學習 —— 溫故而知新，可以為師矣

【出處】

　　子曰：「溫故而知新，可以爲師矣。」　　　—— 爲政篇第二

【注釋】

① 故：已學過的知識。

② 新：新的發現、新的認識。

【譯文】

　　孔子說：「溫習已經學過的知識，並且能有新發現、新認識，就可以做老師了。」

【講解】

　　所謂老師，不就是掌握的知識比別人多而深的人嗎？

　　許多青少年朋友，乃至一些年齡大的人，愛學新的東西，而不愛溫習已學過的東西，這是有害的。學習知識，應該兼顧兩個方向：一是向前尋，一是向後拾。就如同收割稻子，割過一段後，就要回頭一一收拾；如果割完後就丟棄不管，那麼這些稻子能為你所擁有嗎？

　　你與別人一同學過的東西，別人由於不溫習，很快就忘掉了，或只留下模糊的印象；而你由於即時溫習，沒有忘掉，等於你比別人掌握了更多的知識。

　　溫習學過的知識，能有新發現、新認識嗎？

俗話說：「書讀百遍，其義自見。」（此處的「見」讀ㄒㄧㄢˋ，其義同「現」）也就是說，你學過的知識，在你不斷溫習的過程中，其中的含意會自然而然地呈現在你的腦海裡，使你理解得越來越深、領會得越來越透。你不應滿足於此，你不能機械地溫習，而應帶著問題溫習，在溫習的過程中多思考，這樣你往往會有新的發現、新的認識。

你掌握的知識比別人多、比別人深，你不就可以當別人的老師了！

【範例】

戰國時代的蘇秦曾拜鬼谷子為師。學業修完時，他告別老師鬼谷子下山。鬼谷子送他一本書，名叫《陰符篇》。蘇秦說：「這本書我已讀過多遍了。」鬼谷子說：「你雖然已讀過多遍，但還需要再讀，這對你日後的事業會大有幫助。」後來，蘇秦遊說秦王失敗，想起了鬼谷子的話，就把《陰符篇》拿出來重新閱讀。這時再讀，他有了遠比從前更深刻的體會，越讀心裡越透亮，天下大勢，如在掌中。之後，他再次出山遊說，竟說服六國聯合抗秦，使秦國有十幾年不敢向六國用兵。蘇秦也因而成為戰國時期最有名的縱橫家。

閱讀筆記

3、學而不思則罔，思而不學則殆

【出處】

　　子曰：「學而不思則罔，思而不學則殆。」 —— 為政篇第二

【注釋】

① 罔（ㄨㄤˇ），同「惘」，迷惘。

② 殆（ㄉㄞˋ）：困頓。

【譯文】

　　孔子說：「只讀書而不思考，就會迷惘；只思考而不讀書，就會困頓。」

【講解】

　　青少年朋友，前面我們曾說，後人將「學」、「習」二字聯結起來，組成了「學習」這個辭彙，而筆者在我的一本名為《自我之形成》的書中，則將「知識」二字分解開來，認為學習知識的過程，就是從「知」到「識」的過程。

　　無論我們讀書、看報，還是聽老師講課，抑或接觸人和事，所得到的都是資訊，即「知」，我們必須對其進行思考，才能形成我們的認識，從中得到我們所需要的知識。

　　就如同吃飯，我們吃進嘴裡的食物，只有進行消化，才能從中分解出我們人體所需的營養物質，以維持我們生命的存在和活動；我們收到的資訊，只有經過思考，才能形成我們的認識，而認識的結果就是知識。

學而不思則罔 —— 如果我們只接受資訊，而不進行思考，我們就會感到困惑：同樣是孔子的一句話，這本書的解釋是這樣的，那本書的解釋是那樣的，到底哪本書解釋的對呢？同樣一個人，甲說他好，乙說他不好，到底誰說的對呢？你只有進行思考，才能形成自己的認識，分辨出孰對孰錯、孰優孰劣。當然，一開始你的思考能力還不高，分辨能力還不強，但只要你勤於思考，你的思考能力就會不斷提高，你的分辨能力就會不斷增強；與此同時，你的知識水準就會不斷上升。

有的人很愛讀書，讀過很多書，由於不愛思考而沒有形成自己的認識，滿嘴說的、滿紙寫的都是書上的觀點，這種人便是人們戲稱的「掉書袋」。

愛讀書是好事，但千萬不要成為「掉書袋」，關鍵是要勤於思考。

思而不學則殆 —— 我們的思考器官是大腦，我們的思考資料則是資訊，如果光有思考的器官，而沒有思考的資料，我們的大腦不就處於困頓的狀態嗎？現代科學揭示：人的大腦細胞是被所接受的資訊啟動的，接受的資訊夠多，大腦細胞才能被充分啟動。同樣，思考的東西夠多，大腦才能充分運轉，思考能力才會夠強。當然，這二者都需要有一個漸進的過程。

如果接受的資訊太少，大腦細胞就不能充分啟動，智力就不會得到充分開發；如果所做的思考太少，大腦就不能充分運轉，思考能力就難以提高。所以，還是要勤於學習，多讀書，多聽老師講課，多接觸人和事。

「學而不思則罔，思而不學則殆」，短短兩句話，孔子就精闢地概括出了學與思的關係，青少年朋友們可要好好把握噢！

【範例】

我們先來看一個正面的例子。

戴震是清朝著名學者，他學識淵博，對天文、數學、歷史、地理都有研究，在經學和語言學方面造詣尤深，乾隆年間曾負責編纂《四庫全書》。

戴震從小就勤於學習，尤其善疑多問，對所學的東西從不滿足於一知半解，凡事都要問個究竟。有一次，私塾的老師上到《大學章句》，說：「這是孔子的語錄，由孔子的學生曾子傳授，他的門人記錄。」在座的學生都點頭記下，唯獨戴震站起來問道：「老師，您怎麼知道這是孔子所說、曾子所授、門人所記的？」老師回答說：「這是大理學家朱子說的。」戴震又問：「朱子是什麼時代的人？」老師回答：「南宋。」又問：「孔子、曾子是什麼時代的人？」老師答：「春秋時代的人。」戴震又問：「春秋時代和南宋相距多少年？」老師答：「一千多年。」戴震笑著說：「朱子和孔子、曾子既然相距這麼遠的時間，朱子又怎能肯定這是孔子所說、曾子所授的呢？」老師被問得啞口無言，便連聲說：「問得好，問得好，做學問就要善疑多問。這孩子將來一定會大有出息。」後來，戴震果然憑藉這種善疑多問的精神寫出許多有獨特見解的著作。

我們再來看一個反面的例子。

楚國有一個窮書生，讀書時看到《淮南子》中有一句話：「得到螳螂捕蟬時隱蔽過的樹葉，可以拿它來隱身。」於是，他走到附近一片樹林裡，仰頭尋找這種葉子。一隻螳螂正趴在一片葉子上伺機捕蟬，他就用鉤子去鉤這片葉子。葉子落到樹下後，與樹下原有的許多葉子混在一起，分辨不出它是哪片了。他只好將這些葉子都帶回家，然後一片一片地拿著遮自己的眼睛，並問他的妻子：「妳能看見我嗎？」妻子開始時總是回答說：「看得見。」問的遍數多了，妻子就厭煩了，沒好氣地說：「看不見了！」他心中大喜，就拿著這片樹葉走到市集上，當著人家的面就偷人家的東西，結果被官吏抓起來送到了縣衙裡。縣官進行審問，他便從頭到尾把事情經過說了一遍。縣官聽了大笑，就把他放了。這就是「一葉障目」的故事。

4、攻乎異端，斯害也已

【出處】

　　子曰：「攻乎異端，斯害也已。」　　　　　—— 為政篇第二

【注釋】

① 攻：用很大的力量去做，可以翻譯成「攻讀」、「鑽研」，還可引申為「熱
　　衷於」、「沉溺於」。

② 乎：介詞，同「於」。

③ 異端：詞典裡解釋為「指和正統思想相對立的思想或言論」，在這裡應解釋
　　為「不正當、不健康的事物」。

④ 斯：指示代名詞，相當於「這」、「這種」。

⑤ 也已：都是語氣助詞，連起來用，表明這句話非常沉重。

【譯文】

　　孔子說：「熱衷於那些不正當、不健康的東西，這種危害是很大的啊！」

【講解】

　　這句話，孔子當時說得很沉重，今天我們讀起來心情也很沉重。青少年朋友
們，今天你們的學習條件，與當初我們上學時相比，一方面可以說強多了，包括
學習的途徑、學習的工具及學習的設施等；另一方面也可以說差多了，因為你們
受到的誘惑太多了，我像你們這麼大時，不要說沒有上過網，就連電視都很難看

到。如何既好好能利用有利的條件，又能避開不利的誘惑，這既需要老師、家長對你們的管理、引導，也需要你們的自覺、自律。

有的事情，如上網、看電視、讀閒書，適當地做做，可以調劑身心；但如果耗費的時間太多，就會耽誤學習，這樣做就是有危害的；如果沉溺於其中，就會荒廢學業，這樣做危害就很大。

而上不健康的網站、看不健康的節目、讀不健康的閒書，不但會使你們耽誤和荒廢學業，還可能讓你們誤入歧途，這種危害不是更大嗎？

意識到這樣做、做這類事情的危害性，就不要這樣做，就不要做這樣的事情，而要把時間和精力多用到學習功課上，用到做正當的事情上。

你們說，為什麼園藝工人每年都要為樹木剪枝？因為該剪的枝不剪，樹木的能量就會分散到這些枝上，樹木就長不好、長不高，就成不了材。你們如果把時間和精力分散到不正當的事情上，你們就學不好知識，就成不了才。

「攻乎異端，斯害也已！」

【範例】

五代時，晉王李克用帶著對梁、契丹、燕的遺恨而死。臨終前，李克用將三支箭留給兒子李存勗（讀ㄒㄩˋ），囑咐他一定要為自己報仇。李存勗不忘父親的囑託，每次出征時都將三支箭帶在身上，凱旋後就供在祖廟裡祭祀，以此激勵自己。數年中，他滅了燕，破了梁，大敗契丹，終於實現了父親的遺願。

但是，當他建立了後唐王朝後，便開始驕傲、怠惰起來。他不理朝政，縱情聲色，整日和一些伶人在一起「唱念作打」，使得群臣抱怨，上下離心，幾年後就禍端四起，他自己也葬身在亂箭之下。

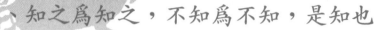

5、知之爲知之，不知爲不知，是知也

【出處】

　　子曰：「由！誨女知之乎：知之爲知之，不知爲不知，是知也。」

　　　　　　　　　　　　　　　　　　　　　—— 為政篇第二

【注釋】

① 由：即仲由（西元前542年～西元前480年），姓仲名由，字子路，又字季路。春秋末魯國卞（今山東泗水）人。孔子最著名的弟子之一，小孔子9歲。性格直爽，為人英勇，信守承諾，忠於職守，以擅長「政事」著稱。

② 誨（ㄏㄨㄟˋ）：教導，指教。

③ 女（ㄖㄨˇ）：同「汝」，你。

④ 是：這，這是。

【譯文】

　　孔子說：「仲由！教你的道理你明白了嗎？知道就是知道，不知道就是不知道，這才是求知的態度呀！」

【講解】

　　許多注解《論語》的書都將「是知也」中的「知」解釋為「明智」，將「是知也」翻譯為「這（才）是明智的」，我認為不妥。我認為，「知之為知之，不知為不知」不是明智不明智的問題，而是學習態度老實不老實的問題，所以我做

了以上那樣的翻譯。

　　無論做什麼事，都需要有好的態度：態度好的人就能做得好，態度不好的人就做不好。現在流行一句話，叫「態度決定一切」，雖然說得有些武斷，卻也道出了態度的重要性。

　　學習更是如此，更需要有好的態度。知道就是知道，不知道就是不知道，千萬不能因為愛面子，不知道硬說自己知道，這樣既蒙蔽了別人，更蒙蔽了自己。我上學的時候，老師每上完一段落，總會問我們聽懂了沒有。我本來還不太懂的，因為同學們都說懂了，我怕他們笑我笨，也跟著說聽懂了，這樣就使自己失去了弄懂的機會。這樣的情況累積起來，就使自己少學了不少東西。

　　不懂裝懂是會害人不淺的，青少年朋友們可千萬不要這樣。不懂就老老實實地承認自己不懂，這樣才能即時得到老師和家長的幫助，才能使自己不懂的問題越來越少，學到的知識越來越多。

　　這既是學習的態度，也是做人的態度。

【範例】

　　我們先來看一個正面的例子。

　　有一天，孔子外出東遊，聽到兩個小孩正在辯論。一個小孩子伸手指著剛剛升起來的太陽說道：「你看，這時太陽剛剛升起，它離我們多麼近呀，到了中午，它就離我們遠了。」另一個小孩馬上說：「不對！太陽現在離我們遠，到了中午才離我們近呢！」

　　接著，他們就把各自的道理說了一遍。前一個小孩說：「太陽剛剛升起時，大如車蓋，而到了中午，就只有盤子那麼小了，這不就是近者大而遠者小的道理嗎？所以，我說早晨時太陽離我們比中午近。」後一個小孩卻說：「不對！太陽

剛出來時，我們感到很清涼，而到中午就感覺很熱，這不就是遠者涼而近者熱的道理嗎？所以，應該是中午時太陽離我們比早晨近。」

雙方爭執不下，兩個人一齊把目光對準了孔子：「孔夫子，您說我們兩個誰說的對啊？」人們都說孔子博覽群書，上知天文，下曉地理，沒想到這個問題還真把他難住了。他老老實實地告訴兩個孩子，這個問題他也不明白。

兩個孩子十分失望，譏笑道：「人們都說您是無所不知的聖人，原來您也有不懂的問題啊！」

本來，以孔子之聰慧，他絕對可以胡編一通把兩個小孩糊弄過去，而不至於受到他們的嘲笑，但如果他那樣做，他就不是我們所尊敬的孔子了。

我們再來看一個反面的例子。

古時候有個姓萬的人，雖然肚笥甚窘，卻自以為學識淵博、無所不知，人們於是給他取了個外號叫「萬事通」。有一天，他和幾個朋友外出遊覽，住進了一位姓杜的老闆開的旅館。房間裡沒有衣櫃，「萬事通」請朋友去找個木橛（ㄐㄩㄝ）子來掛衣服。朋友拿來木橛子後，想捉弄他一番，就問他木橛子的「橛」怎麼寫？「萬事通」根本不認識這個字，卻又不願意承認。他心裡嘀咕，古人造字都有個說法，或繪形或寫意，對了，削尖的木棍釘在土裡就是橛子！他暗自得意自己的聰明，便答道：「左『木』右『土』，『木』『土』為『橛』！」店主杜老闆不禁笑起來，打趣地說：「二位先生行行好，我姓了半輩子杜，可別叫我改姓『橛』呀！」

6、學如不及，猶恐失之

【出處】

　　子曰：「學如不及，猶恐失之。」　　　　　　—— 泰伯篇第八

【譯文】

　　孔子說：「掌握時間學習，就像害怕學不到手似的，而已學到手的又擔心會忘掉。」

【講解】

　　這是孔子自述其學習情況的一句話，由此可知他是多麼的勤奮好學。孔子最滿意自己的地方就是好學，他曾說：「十室之邑，必有忠信如丘者焉，不如丘之好學也。」這句話的大體意思是：住在同個地方的人中，肯定有像我一樣忠誠守信的，但不會有像我一樣好學的。

　　孔子之所以能成為有大學問的人，能成為世世代代為人所敬仰的老師，關鍵在於他勤奮好學。我們讀孔子，也要學孔子，像他一樣珍惜時間，勤奮學習，只有這樣才能成為有知識、有價值、有成就的人。

【範例】

　　大家都知道《資治通鑑》是司馬光編著的，卻很少有人知道司馬光有一個非常重要的助手，他就是劉恕。司馬光曾說：「在編寫《資治通鑑》的過程中，凡

是遇到複雜的歷史問題，我都交給劉恕處理，我只不過是坐享其成罷了。」司馬光這句話雖然有些自謙，但也說明《資治通鑑》的完成與劉恕的協助是密不可分的。

劉恕若沒有相當深厚的知識功底，絕不可能承擔如此重要的工作，而他的知識功底是靠自幼勤奮學習打下的。他小時候每學一篇課文，都反覆吟誦多遍，直到背熟為止。有時他讀書到了吃飯的時間，家人幾次喊他，他都顧不了吃。桌上的飯菜，經常從上一餐擺到下一餐。夜裡上床以後，還沒有入睡的時候，他仍然思考白天學過的內容，有時一夜都沒闔眼。

平時是這樣，若是遇到特殊情況，劉恕也不願輕易浪費時間。有一次，劉恕到一個遠道的朋友家去借書，朋友為他辦了一桌豐盛的酒席。他卻說：「這太浪費時間了，豈不誤了我的正事！」於是，他請朋友把酒席撤走，只簡單地吃了一點，就走進書房如飢似渴地看起書來。

由於愛惜時間，勤奮讀書，劉恕後來成為一位非常出色的史學家。他除了協助司馬光編著完成《資治通鑑》外，還著有《五代十國紀年》42卷、《資治通鑑外記》10卷等。

閱讀筆記

7、三人行，必有我師

【出處】

　　孔子曰：「三人行，必有我師焉。擇其善者而從之，其不善者而改之。」

　　　　　　　　　　　　　　　　　　　　　—— 述而篇第七

【注釋】

① 三：幾個，多個。

【譯文】

　　孔子說：「走在路上的幾個人中，一定有能當我老師的人。他們其中做得對的人，我要向他學習；做得不對的人，我要幫他改正（特別是告誡自己不要這樣做）。」

【講解】

　　「三人行，必有我師」這句話，青少年朋友們一定非常熟悉，因為它一直為人們廣為傳誦，孔子在這句話中所宣導的學習態度、學習方法也一直為人們所稱道。

　　談到學習，青少年朋友們不要狹隘地解釋為只是向老師學、向書本學，這樣我們學到的東西就非常有限。其實只要我們用心，隨時隨地都能學到東西，這樣我們學到的東西就大為增加。

　　譬如與同學一起去郊遊，有的同學把吃剩的果皮、瓜子殼及包裝紙先裝進塑

膠袋裡，等遇到垃圾桶時再投進去，他們這種做法非常對，我們應該好好學習；而有的同學則隨手扔在地上，我們應該向他們指出來，幫他們改正，特別是要告誡自己不要這麼做。

你們看，從一正一反兩個方面，我們不是都學到東西了嗎？

【範例】

這天，梅蘭芳正在某地一大戲院中演出京劇《殺惜》。他的精彩表演博得了全場一陣陣喝彩聲，戲迷們不斷地喊著「好！好！」

「不好！不好！」突然在劇場裡傳來一種不協調的喊聲。大家循聲望去，原來是一位60多歲的老者，正不停地搖著頭。

梅蘭芳很少遇到這種情況，不免感到奇怪：「這是怎麼回事？」戲一結束，他顧不了卸妝、更衣，就連忙派人去請那位老者，並用專車把他請到家中。用茶畢，他恭恭敬敬地說道：「說吾孬者，是吾師也。老先生言我不好，必有高見，務請賜教，晚生一定改正。」老者見梅蘭芳態度誠懇，便說道：「惜姣上樓和下樓的台步，按『梨園』規定，應是上七下八，可是你為何八上八下，這可是不應有的失誤啊！」

梅蘭芳一聽，馬上頓悟，對自己的失誤甚感愧疚。他趕忙施禮，連聲拜謝老者的指點。之後，梅蘭芳每到此地演戲，都要請這位老者觀看、指教。

8、敏而好學，不恥下問

【出處】

子貢問曰：「孔文子何以謂之『文』也？」子曰：「敏而好學，不恥下問，是以謂之『文』也。」　　—— 公冶長篇第五

【注釋】

① 子貢（西元前520年～？）：姓端木，名賜，字子貢，孔子弟子，春秋時期衛國人，小孔子31歲。他敏於事理，善於言辭和經商。

② 孔文子：春秋時期衛國的大夫，姓孔，名圉（ㄩˇ），字仲叔，諡號為「文」。

③ 何以：以何，為什麼、憑什麼。

④ 敏：聰敏。

⑤ 是以：以是，因此。

【譯文】

子貢問道：「孔文子為什麼諡號為『文』呢？」孔子說：「他聰敏而好學，不以請教下面的人為恥，所以才給他『文』的諡號呀！」

【講解】

諡號是中國古代在某人死後由國家給予的稱號，通常是給予帝王、大臣和其他有地位的人，大多由禮官擬定，由皇上賜予。孔文子既然能被諡號為「文」，

說明他是個有大學問的人，而他的大學問是透過「敏而好學，不恥下問」獲得的。

聰明人容易犯的一個毛病是自恃聰明、不肯用功，而地位高的人因為愛面子，不願向地位低、學問低的人求教，但孔文子則是既聰明又好學，地位雖高卻不恥下問，這正是孔子所宣導的學習精神，所以孔子給予積極的評價。

因為自己頭腦聰明就沾沾自喜，就不肯用功，一定不會取得好成績，反而不如那些不很聰明但肯用功的同學學得好（青少年朋友們不妨想想「龜兔賽跑」的故事）──聰明的頭腦不但沒幫助你，反而害了你。

明知不如自己的人身上有自己可學的知識，卻因為愛面子不肯向人家求教，那麼你究竟是愛面子還是愛知識呢？如果你不真正愛知識，那麼你怎麼能真正擁有知識呢？事實上，人們會尊敬那些不恥下問的人，而不會尊敬那些恥於下問的人。因而，我們應以不恥下問為榮，以恥於下問為恥。

【範例】

清朝年間，江南有位名醫叫葉桂。他出生於名醫世家，祖輩幾代都行醫。他既有深厚的家傳，又在行醫中累積了豐富的經驗，所以醫術高明，在當地名氣很大。

有一天，一位準備應考的書生來看病，葉桂給他診完脈後說；「先生回家休養吧！不必去應考了。此病不出百日，必不可救。」書生問：「難道沒有辦法救治了？」葉桂搖頭嘆息道：「本人實在無能為力。」書生經人介紹，又到一位老僧那裡求醫。老僧的診斷與葉桂完全相同，但他卻給書生開了個方子：吃梨100天。書生照此而行，百日後果然大病痊癒。這天，書生又到葉桂的診所。葉桂診脈畢驚訝地說：「病好了！你是怎麼治的？」書生於是把找老僧看病的經過細說

一遍。葉桂聽罷，趕忙取下門口的招牌，改名換姓為張小三，去拜老僧為師。

　　老僧見葉桂求學心切，十分歡喜，便收他為徒。每次出診都帶著他，而且叫他先診，然後自己才診，結果大都相同。三年後的一天，老僧對葉桂說：「張小三，你可以回去了，憑你現在的醫術，已不亞於江南的葉桂。」到此，葉桂才說出自己的真實身分和來此拜師的緣由。老僧又驚又喜，見葉桂身為名醫，不恥下問，十分感動，便又把葉桂留了一段時間，把自己從不向人傳授的醫術全部傳授給他。

　　此番經歷，使葉桂更認識到「人外有人，學無止境」的道理，從此以後，他變得比從前更謙虛、好學了，只要聽說別人善於治療某一病症，他便趕忙登門求教。他在醫術上終於集眾人之長，成為大家。他晚年著作的《溫熱論》一書，是中國醫學史上一部重要典籍。

 閱讀筆記

9、以能問於不能，以多問於寡

【出處】

曾子曰：「以能問於不能，以多問於寡；有若無，實若虛；犯而不校 —— 昔者吾友嘗從事於斯矣。」 　　　　—— 泰伯篇第八

【注釋】

① 曾子（西元前505年～西元前435年）：名參，字子輿，春秋魯國武程人。
　　孔子最著名的弟子之一。以「孝」著名，傳說《孝經》就是他所作。

② 實：充滿，充實。

③ 虛：空虛，空乏。

④ 犯：冒犯。

⑤ 校（讀ㄐㄧㄠ丶）：計較。

⑥ 吾友：有些書中認為指顏回。

⑦ 斯：這，這樣。

【譯文】

曾子說：「才能高的人向才能低的人求教，知識多的人向知識少的人求教；有才能卻像沒有才能一樣，滿腹經綸卻像缺乏知識一樣；別人冒犯了自己也不計較 —— 以前我的朋友就是這樣做的。」

【講解】

　　青少年朋友們會問，向能力比自己高、知識比自己多的人求教是應該的，為什麼還要向能力比自己低、知識比自己少的人求教呢？這是因為：一、「尺有所短，寸有所長」，能力比你低、知識比你少的人身上也有你不懂的知識、不會的技能；二、即使你不能直接跟他們學到什麼知識、什麼技能，但他們的思考角度、做事方式往往會對你有所啟發，所以你也應該向他們好好學習。一個好學的人，是不會放過任何學習機會的。

　　在向他們求教的時候，一定要持虛心的態度，能力高也要像沒能力一樣，知識多也要像沒知識一樣，這樣人家才肯教你；如果你擺出驕傲自大、高高在上的樣子，人家不會理你，你也就失去了學習的機會。

　　另外，能力低、知識少的人，往往觀點幼稚，禮貌也差，如果在交流過程中他們冒犯了你，你不要計較，因為你的目的是學習。

　　「有若無，實若虛」提倡的是虛心的學習態度，「犯而不校」提倡的是寬容的待人方式，不但在向能力比自己低、知識比自己少的人求教時應該這樣做，在其他時候也應該這樣做。

【範例】

　　青少年朋友，你們一定知道南宋著名詞人辛棄疾。他的詞可謂獨步古今，更不用說冠絕當時了，但他卻十分謙虛，從不驕傲自滿。有一次辛棄疾宴請賓客，邀請許多著名文人。飲酒中，辛棄疾請歌女唱自己新填的詞《永遇樂·京口北固亭懷古》為大家助興。大家聽罷，紛紛稱讚：「好詞！好詞！」

　　辛棄疾站起身，拱手對賓客說：「感謝各位誇獎，我實在受之有愧。這首詞一定有疏漏之處，懇請各位指教。」賓客們都說：「非常精彩，找不出缺點了，你就不要謙虛了。」辛棄疾對大家說：「我不是個愛聽奉承話的人，還是請大家

提提意見。」可是眾人還是推辭說提不出意見。

　　辛棄疾有些失望，這時，他注意到一位年輕人欲言又止，就朝他走過去說：「年輕人，你是不是有什麼話要說？」這位年輕人原來是抗金名將岳飛的孫子，名叫岳珂。岳珂說：「先生的這首詞，氣勢磅礴，立意高遠，遣詞貼切，著實是首好詞。不過，我有個不一定正確的看法，就是用典多了點。」辛棄疾聽後，贊許地含笑點頭，並轉身對大家說：「這位年輕人提的意見非常中肯，一語切中我這首詞的弊病。」

　　從此以後，辛棄疾經常將自己寫的詞拿給岳珂看，聽取他的意見，然後再進行修改。岳珂在他後來寫的一本名為《程史》的書中，詳細記載了他與辛棄疾的交往情況，並稱讚辛棄疾謙虛、好學的精神。

閱讀筆記

10、古之學者爲己，今之學者爲人

【出處】

　　子曰：「古之學者爲己，今之學者爲人。」——憲問篇第十四

【注釋】

① 者：的人。學者即學習的人。

【譯文】

　　孔子說：「古時候學習的人是爲自己而學習，現在學習的人則是爲別人而學習。」

【講解】

　　青少年朋友們，從字面上看，前者是爲自己而學習，是自私的，應該給予否定；後者是爲別人而學習，是助人，應該給予肯定，但孔子稱讚的卻是前者，批評的卻是後者，這是爲什麼呢？

　　因爲古代學習的人，他們學習的目的很純正，是爲了多掌握有用的知識、多學到做人的道理，使自己成爲有才學、有道德的人，將來能安邦治國、濟世救民；而現代學習的人，他們學習的目的很低俗，是爲了向別人炫耀，是爲了得到某種的獎勵，是爲了得到某種的頭銜，是爲了得到某種的財富……

　　因而，前者的「爲己」實際上是爲人，後者的「爲人」實際上是爲己。

　　當然，「古」、「今」不可一概而論，古代也有「爲人」而學的人，現在也

有「為己」而學的人，孔子只是用來泛指兩個時代所流行的兩種截然不同的學習風氣。

現在我問青少年朋友們：你們學習的目的是什麼呢？

有的青少年朋友，學習確實很努力，但他們這樣做，是為了超越同學、表現自己，多得到些同學的羨慕，多得到些老師的誇讚，多得到些學校的表彰，多得到些家長的獎勵。

我想問這些青少年朋友：假如沒有這些「好處」，你們就不努力了嗎？或者，假如這些「好處」給太少了，你們就不這麼努力了嗎？可見，這樣的學習目的是不可取的，是靠不住的。

你們還小，抱持這樣的學習目的並不為過，希望你們隨著年齡的增長，逐步糾正自己、改進自己，早日樹立起正確的、健康的學習目的。

至於什麼是正確的、健康的學習目的，我們在前面已提供了答案。

希望你們早日成為今日「為己」而學的人！

【範例】

明朝嘉靖年間，有位叫董沄的著名學者。由於他學問精深，詩寫得很好，所以名氣很大，非常受人尊敬。但他對名氣看得很淡，而是熱衷於追求知識，到老年仍是如此。他68歲那年，到浙江會稽訪舊，聽說大理學家王陽明正在深山授徒講學，便不顧年老體衰，趕到那裡聽講。聽了幾次以後，他覺得王陽明學識高深，很值得學習，於是對王陽明說：

「先生學問如此高深，實在令人欽佩，我想請先生收我為徒。」說完就要行拜師禮。王陽明趕忙躬身扶起，說：「使不得，使不得，我一個晚生，豈敢收長者為徒，我還要向您多請教呢！」原來，當時王陽明53歲，比董沄小15歲。

但董沄執意要拜王陽明為師，他的朋友勸他說：「何苦呢？你已經這麼大年紀了，也很有名氣，為什麼非要如此呢？」董沄回答說：「我從吾之所好為之（我按照我的喜好去行事），能者為師，不在年紀大小。」從此，他特地改號為「從吾道人」，決心師從王陽明學習。

兩年後，董沄70歲生日那天，他正式向王陽明行拜師大禮。當日，天下著雨雪，寒風刺骨，道路泥濘。董沄不顧家人的勸阻，拄著枴杖，背著行李，跌跌撞撞地趕到王陽明的住處，畢恭畢敬地向王陽明行跪拜之禮，終於圓了自己的心願。

青少年朋友，這個故事是不是很讓人感動？一個七十歲的老人，已無需求官、求名，更無需求利，但仍這樣孜孜好學，他這樣做是為什麼呢？

 閱讀筆記

11、君子食無求飽，居無求安

【出處】

　　子曰：「君子食無求飽，居無求安，敏於事而慎於言，就有道而正焉，可謂好學也已。」

　　　　　　　　　　　　　　　　　　　　　── 學而篇第一

【注釋】

① 安：舒適，安逸。

② 敏：勤勉，勤懇。

③ 有道：有道德的人，有道理的書。

④ 正：匡正，糾正。

⑤ 就：接觸，接近。

【譯文】

　　孔子說：「君子飲食不求飽足，居住不求舒適，做事勤勉而說話謹慎，盡量多接觸有道德的人、有道理的書並用以糾正自己 ── 這樣的人，可以說是好學的人啊！」

【講解】

　　所謂「食無求飽」，從現代飲食科學的角度而言，吃過飽不利於消化，以吃七、八分飽為宜，但孔子的用意不在於此。「食無求飽，居無求安」，是說不要追求物質享受，而要用心學習，追求上進。

　　青少年朋友們，孔子的這番話，對你們來說，很有指導意義。你們大概都是獨生子女，現在的生活條件又比從前強多了，有的青少年朋友由於受到家長的嬌生慣養，養成了貪圖物質享受的不良習慣，吃要吃貴的，穿要穿名牌，用的文具要高級的，甚至還要有mp4、手機、電腦等；不但要享有這些東西，還要跟夥伴們攀比，比不過人家時，就跟家長索取更好的。這樣做很不好，應該即時改正，因為一，父母養育你們不容易，你們要盡量少花他們的錢，即使他們要買給你們，你們也要拒絕：吃只要吃得夠量、有營養就行；穿只要穿得整潔、得體就行；文具只要實用、好用就行。二，你們在這方面花的心思越多，你們在學習上下的工夫就越少，你們就越難取得好成績。三，追求物質享受會損害品德，好孩子也會變成壞孩子，壞孩子更難成為好孩子。

　　如果有朋友在這方面向你們炫耀，你們要開導他們、糾正他們；如果他們不聽，你們就少理他們，以免讓他們擾亂你們的心思，耽誤你們進步。

【範例】

　　青少年朋友，你們知道「先天下之憂而憂，後天下之樂而樂」這兩句名言出自何處嗎？對了，出自北宋大文學家范仲淹的名著《岳陽樓記》。

　　范仲淹幼年非常不幸，兩歲時父親就死了，母親無法生活，帶著他改嫁到朱家。他從懂事起就酷愛讀書，而朱家的兩個兒子卻遊手好閒。有一次他規勸朱氏兄弟努力學習，朱氏兄弟不但不領情意，反而惡言相譏，范仲淹因此得知自己是隨母來到朱家的。他決心自立，便告別母親，住進長山醴泉寺的僧房，刻苦讀書，這時他才十幾歲。

　　在醴泉寺，范仲淹苦讀了三年。這段時間，他生活異常艱苦，每天熬一鍋稀粥，等冷凝以後，分成四塊，早晚各吃兩塊，這就是著名的「斷齏劃粥」的故

事。

　　三年苦讀以後，范仲淹為了學到更多的知識，又風餐露宿、不遠千里到南都（今河南商丘）尋師訪友，進入當時著名的南都學舍。在這裡，他仍像以前一樣吃粥苦讀。有時，他一天連兩餐稀粥也沒得吃，僅黃昏時吃一餐，既是早餐又是晚餐。他有個同學，是當地留守（官名）的兒子，見他生活如此艱苦，回去告訴父親。留守很感動，叫兒子帶些好吃的飯菜給范仲淹吃，可是范仲淹不肯接受。那位同學生氣地說：「家父聽說你生活很艱苦，才叫我帶些食物給你吃。你不肯吃，是不是怕玷污了你的品德？」范仲淹連忙解釋說：「不是不是，我很感激你的厚意，但我吃粥已經吃慣了。今天我若吃這麼好的食物，以後還吃得慣稀粥嗎？」就這樣，經過多年的苦讀，范仲淹考中了進士。後來，他不僅成為著名的大文學家，還成為著名的大政治家。

閱讀筆記

12、知之者不如好之者，好之者不如樂之者

【出處】

子曰：「知之者不如好之者，好之者不如樂之者。」

—— 庸也篇第六

【注釋】

① 好（ㄏㄠˋ）：願意，引申為「自覺」。

② 樂：樂於。

【譯文】

孔子說：「光知道好的道理的人，不如自覺按照好的道理去做的人；自覺按照好的道理去做的人，不如樂於按照好的道理去做的人。」

【講解】

青少年朋友們都知道學習的重要性，透過我們介紹孔子談學習的言論，更加深了你們在這方面的認識，但關鍵是你們要根據你們所獲得的認識、所明白的道理自覺地努力學習。而僅是自覺地努力學習還是不夠的，因為你們往往會感到很苦，因而你們要變苦為甜，那就是培養學習的興趣。

關於興趣的培養，現在很多教材和讀物都偏重於用寓教於樂的方式進行編寫，你們的老師和家長也注重用寓教於樂的方式教育你們，你們要好好利用。你

們自己也要多選用有趣的方式進行學習，使自己多多享受學習的快樂，這樣你們學習的興趣會越來越高，學習的衝勁會越來越大，學到的知識和本領會越來越多。

學到的知識和本領多了，你們才能成為有用的、有大用的人才。

「興趣是成功的一半」，這句話很有道理。

【範例】

清朝著名詩人袁枚在少年時代就酷愛讀書，他曾在一首詩中寫道：

我年十二三，愛書如愛命。

每過書肆中，兩腳先立定。

若無買書錢，夢中猶買歸。

袁枚不愛官、不愛名，20多歲考中進士， 30歲就辭官歸隱，在「隨園」裡讀書、寫作。他屢次在詩中描述自己愛書的心情：「見書如見色，未近心已動」；「晨起望書堂，身如渴貌赴」；「若為詩書管，常驚日影過」；「論文每到夜三更，讀背唐詩口應聲」……

到了60多歲，袁枚讀書的興趣仍絲毫未減。他寫道：「百年再算無多日，從此光陰倍珍重。學問原知止境難，終年勤學有康成。」他晚上常常通宵達旦地讀書，「隔夜硯常溫，晚窗燈尚紅」。白天他也忙於讀書而不願會見客人，「應酬隨意少安排，閒人自愧少閒情」。夏天，因天氣炎熱，來訪客人減少，他非常高興，「空山三伏閉門居，衫著輕客汗有餘，卻喜炎風斷來客，日常添著幾行書。」因為他處處「珍惜餘春」，讀書的桌椅也多半安置在日照時間長的地方，「推書愛坐西窗下，多得斜陽一刻明」。

袁枚讀了許多書，也寫了許多書。由於他常年在「隨園」裡讀書、寫作，因而把自己的代表作命名為《隨園詩話》。此外，他還著有《小倉山房集》和筆記小說《子不語》等。

13、小子何莫學夫詩？

【出處】

子曰：「小子何莫學夫詩？詩，可以興，可以觀，可以群，可以怨。邇之事父，遠之事君，多識於鳥獸草木之名。」

—— 陽貨篇第十七

【注釋】

① 興：抒發，指抒發情感。

② 觀：欣賞。

③ 群：與人交流。

④ 怨：怨氣，指發怨氣。

⑤ 邇（ㄦˇ）：近。

【譯文】

孔子說：「小子們，為什麼不學學詩呢？詩，可以抒發情感，可以欣賞，可以促進人們之間的交流，可以發洩怨氣。近可以事奉父母，遠可以事奉君主，而且還可以學到許多鳥、獸、草、木的名稱。」

【講解】

這句話很有意思，孔子稱他的學生們為「小子」。這是孔子對學生們的親暱稱呼，就像老師有時稱你們為「小傢伙」一樣。

孔子非常親切的勸導學生們讀詩，因為他認為讀詩的益處很多：

可以興：你高興的時候，可以藉豪放類的詩抒發抒發情感；

可以怨：你遇到不如意的事時，可以藉憂怨類的詩發發怨氣；

可以觀：沒事時，你可以欣賞欣賞山水類、景物類的詩；

可以群：讀到精彩的詩，可以推薦給同學一同欣賞；遇到不明白的地方，可以與同學進行討論 —— 這樣的交流多有益啊！與其跟同學比誰吃得好、誰穿得漂亮、誰佩戴得高檔，何不做這樣的交流呢？

邇之事父，遠之事君（我們將「君」改換為師長）：你可以借助詩表達你對父母和師長的敬愛之情。

多識於鳥、獸、草、木之名：詩講究「寓情於物，藉景抒情」，透過讀詩，你可以學到許多鳥獸草木的名稱。不只如此，你還可以學到許多人名、地名、風景名勝名。你還可以學到許多成語、典故、歷史故事等。

除此之外，讀詩還非常有助於提高你寫作文的能力，甚至你還可以直接學著寫詩，並在班上、學校舉辦活動時發揮你的詩才，成為一個「小詩人」。

小傢伙們，既然讀詩的益處這麼多，你們何不讀詩呢？

【範例】

盧毓（讀ㄩˋ）是三國時魏國人，從小就很有志向，而且聰明能幹。他十歲時父母死了，後來兩個哥哥又死於戰亂，十幾歲的盧毓就擔起了供養寡嫂和姪子的重任。當時戰亂不斷，到處饑荒，盧毓憑著自己的才幹和吃苦耐勞的精神，使嫂子和姪兒沒有像許多人一樣餓死，人們都很讚賞他。

長大後，盧毓在曹操的兒子曹丕手下當一名文官。當時三國爭雄，誰勝誰負還難預料，將士們常有叛逃的。為了防止逃亡，朝廷制訂了嚴厲的法令，規定將

士逃亡，就拿妻子問罪。有個逃亡將士的妻子白氏，剛嫁到夫家幾日，還沒見到在外打仗的夫君是什麼樣子，丈夫就逃跑了。大理司判了白氏死刑。盧毓知道後，就對曹操說：「女子對丈夫的感情，是和丈夫相見相處後才有的，所以《詩經》上說：『未見到夫君的時候，我心傷悲；見到了夫君，我的心才平靜。』《禮記》中也說：『沒有見到夫君就死的女子，要葬回父母處，因為她還沒當人家的妻子。』現在白氏生有未見之悲，死有非婦之痛，卻還要判她死刑，不是太嚴厲了嗎？我以為判刑可以，死刑則太重了。」

曹操一邊聽著，一邊直點頭：「你的話很有道理，又引經據典，我自嘆不如啊！」遂採納了盧毓的建議。

盧毓透過引用《詩經》和《禮記》說服了曹操，使他改變了不合理的規定，這就是孔子所說的「遠之事君」。

 閱讀筆記

14、朽木不可雕也

【出處】

　　宰予晝寢。子曰：「朽木不可雕也，糞土之牆不可杇也，於予與何誅？」子曰：「始吾於人也，聽其言而信其行；今吾於人也，聽其言而觀其行。於予與改是。」　　——　公冶長篇第五

【注釋】

① 晝：（ㄓㄡˋ）白天。

② 寢：（ㄑㄧㄣˇ）睡覺。

③ 杇（ㄨ）：泥瓦工人用來抹牆的工具，此處當動詞用，指抹牆。

④ 誅（ㄓㄨ）：責問，譴責。

⑤ 始：開始，原先。

⑥ 與，語氣助詞。

⑦ 是：代名詞，此，這。

【譯文】

　　宰予白天睡覺。孔子說：「腐朽了的木頭無法雕刻，糞土築起的牆壁無法粉刷，對於宰予這樣的人還責備什麼呢？」孔子又說：「原先我對於人，聽他說的話，就相信他的行為；現在我對於人，聽他的話，還要觀察他的行為。是宰予使我改變了看人的方式。」

【講解】

　　這是整部《論語》中孔子批評弟子最嚴厲的一段話，原因是宰予白天睡覺。

　　其實，中午，尤其是夏天的中午，睡會兒午覺，對於維持身體健康、提高學習效率都是有益的。孔子若因此而嚴厲地批評學生，是不是太過分了呢？我想，以孔子的修養，不至於如此。我推測，特別是聯繫整段話分析：1、可能是宰予在課堂上睡覺；2、宰予原先就不用功，受到孔子的批評後，曾表態要改正，但現在老毛病又重犯。因為這樣的原因，才惹得孔子大動肝火。

　　身為老師，無不希望學生用功學習、學有所成。

　　做為學生，如果自己不用功，即使讓孔子這樣偉大的老師來教，也成不了才。

　　因而，青少年朋友們，關鍵是你們自己要體會到學習的重要性，自覺地努力學習，這樣既會讓老師、家長感到欣慰，也會使你們自己將來有好的前途。

　　「聽其言而觀其行」這句話也非常有用，我們將在「孔子談知人」篇中講解。

【範例】

　　顏延之是南朝時代人，曾在宋武帝劉裕當政時做過太守、金紫光祿大夫等官。他年老退休後，雖然年薪十分豐厚，但仍過著儉僕的生活，穿布衣、住茅屋。他還教育兒子不要貪圖享受。

　　顏延之有個兒子名叫顏竣，官居府尹之職。他和父親的作風大不一樣，住著豪華的房屋，整天遲睡晚起，飲酒宴客，出門則有前呼後擁的車駕和衛隊……有一天，顏延之坐著輛舊馬車外出，遇到兒子的車輛在一大批隨從的簇擁下過來，他趕忙停車後退，讓出道路。事後，他對兒子說：「我平生最不喜歡那些達官顯

貴大講排場，而今卻不幸見到了你也這樣！」後來，顏延之到兒子府上去，見他又在建造新的宅院，便提醒他說；「你可要注意節儉呀！自古以來過奢侈生活的人，最後都落得可悲的下場。」

這天，顏延之又來到兒子家中，只見來找顏竣的賓客已坐滿了客廳，而顏竣還沒有起床。顏延之大為光火，教訓兒子說；「你不過是從糞土中爬出來的，而今飛騰到雲彩之上，就變得這般傲慢，我看你如此下去好日子不多了！」

顏竣仍然沒有聽從父親的勸告，過了不久，他果然被罷了官。

閱讀筆記

15、日知其所亡，月無忘其所能，可謂好學也已矣

【出處】

子夏曰：「日知其所亡，月無忘其所能，可謂好學也已矣。」

—— 子張篇第十九

【注釋】

① 日：每日。

② 知：學到。

③ 亡：無，沒有。

④ 所能：所學到的。

【譯文】

子夏說：「每天都學到一些自己以前所沒有的知識，每月都沒忘掉自己當月所學到的知識，能做到這樣，可以說是『好學』了。」

【講解】

這句話談的也是「學」與「習」的關係，但談得比較具體。

我建議青少年朋友們將這句話立為自己的規章，並認真執行：不管上學還是節假日，每天都要讓自己學到新東西；學過的東西要即時溫習，每過一段時間就檢視一下，若發現哪些東西沒掌握好，就趕緊溫習。如此日積月累，你們學到的

知識就會又豐富又紮實。

應該為自己制訂一個學習計畫，不要訂得過高，要切實可行，關鍵是要認真執行。

以「天下興亡，匹夫有責」這句名言為我們所熟知的明末思想家顧炎武曾寫過一本名為《日知錄》的書，這個書名就是他從這句話中摘錄出來的，看來他對這句話非常讚賞。

【範例】

張溥（讀ㄆㄨˇ）是明朝著名文學家，從小就酷愛讀書，而且摸索出一套獨特的讀書方法。他每得到一本書，先認認真真地抄寫一遍後再朗讀，接著又馬上把抄寫稿點火燒掉，然後再抄再讀……這樣反覆抄讀六、七遍，才算讀完了一本書。書的內容自然早已滾瓜爛熟了。

由於抄太多書，他右手握筆的地方都磨出了一層層老繭。到了冬天，手上的皮膚因寒冷、乾燥而裂開，但他從不叫苦。實在疼痛難忍了，他就把凍傷的手浸泡在熱水中，稍微暖和濕潤後，又繼續抄寫。多年的勤抄苦讀，使張溥得以飽覽群書、滿腹經綸。他寫詩作文時，才思敏捷，一觸即發。別人向他索取詩文，他從不打草稿，提筆就寫，而且寫得很好。

這套讀書方法使張溥受益匪淺，他遂把自己的書房命名為「七錄齋」，就是取其讀書必須動手抄寫六、七遍之意，用以自勉。他還把自己的文集也命名為《七錄齋集》。

16、不怨天，不尤人，下學而上達

【出處】

子曰：「不怨天，不尤人，下學而上達。」—— 憲問篇第十四

【注釋】

① 尤：責怪，責備。

【譯文】

孔子說：「不怨恨天，不責備人。從低水準上開始努力，逐漸達到高水準。」

【講解】

有的青少年朋友學習不佳，不是從自己身上找原因，而是埋怨外在條件不好，或者怨自己家裡窮，或者怨所在的學校不是名校，或者怨老師教的不好；如果怨自己的話，就是怨自己頭腦愚笨。

如果學校不好、老師不好，為什麼學校一樣、老師一樣，有的同學就能學得好呢？

如果說家庭條件不好，我想你們的老師和父母都告訴你們許多古人刻苦求學的故事，他們有的連書都買不起，連油燈都點不起，連學校都上不起，所遇到的困難不知比你大多少倍。但他們千方百計地學習，最終成了有大學問的人。

如果你說自己頭腦愚笨，一則我不相信；二則我建議你在學習方法上找找原

因；三則我建議你在學習態度上找找原因。

最重要的是第三點，我送你墨子的一句話：「志不強者智不達。」意思是志氣不強的人智力就不發達。

人的潛能是很大很大的，而且往往是由志氣、志向激發出來的，如果你有志氣，真想學好，你就一定有這樣的能力，你就一定能做到。這就是我不相信你說你頭腦愚笨的原因。

如果你找出真正的原因，好好改進，你一定能從學習不佳變成學習佳，從不行變成行，從低水準提高到高水準。

反之，如果你老是像現在這樣怨天尤人，你會一直停留在現在的低水準上，甚至滑向更低的水準。

【範例】

元末明初，出現過一個叫陶宗儀的文學家，他讀書、寫作的故事十分讓人感佩。

陶宗儀自幼就勤學好問，凡能得到的各類書籍，他都認真閱讀，潛心鑽研。隨著年齡的增長，他的學問日趨淵博。可是，由於家境貧窮，生活不下去，他不得不離鄉背井，到外地謀生。幾經輾轉，他來到江蘇松江教書，並在松江南村買了幾畝田地，修了一座草廬，定居下來。

他一邊教學，一邊耕作。每次下田時，他都隨身帶著筆墨，並在地頭的石縫中放置一個瓦甕。休息時，他就坐在地頭的大石頭旁邊，或吟誦已讀過的詩詞，或回憶舊聞，或回顧近來教學的心得、治學的體會，或思考那些耳聞目睹的社會現象、風土人情……每有所得，他就從身後的樹上摘下一些葉子，即時記錄下來，貯放在瓦甕裡，再用一塊石板蓋住甕口，放在石縫裡，使它免遭風吹雨打。

每裝滿一甕，他便提回家去。

　　十幾年的時間過去了，他寫滿字的樹葉竟裝滿了數十個瓦甕。這時，他覺得資料已經備齊，構思也已成熟，便將瓦甕內的樹葉全部倒出來，分類整理，並重新抄寫，再加工修改，編成了《南村輟耕錄》30卷。此書內容廣泛，記載了許多元代政事、典章制度及文物、建築和文學藝術等方面的內容，是部頗具史學價值和文學價值的著作。

 閱讀筆記

17、往者不可諫，來者猶可追

【出處】

　　楚狂接輿歌而過孔子曰：「鳳兮鳳兮！何德之衰？往者不可諫，來者猶可追。已而，已而！今之從政者殆而。」孔子下，欲與之言。趨而辟之，不得與之言。　　　　　　　　── 微子篇第十八

【注釋】

① 接輿：楚國隱士。「接輿」非其真名，《論語》中隱士的名字都是以事命名，如看門的稱「晨門」，執杖的稱「丈人」，所以接孔子車（輿）的稱「接輿」。

② 諫：止，挽救。

③ 猶可：還來得及。

④ 已而：已指停止，而是語氣助詞。

⑤ 辟（讀ㄅㄧˋ）：通「避」，迴避。

【譯文】

　　楚國的狂人接輿唱著歌從孔子車旁走過，他唱的是：「鳳凰啊鳳凰！你的仁德為什麼衰弱了呢？過去的事情已不能挽回了，未來的事情還來得及做。算了吧！算了吧！如今的執政者（由於不尊崇仁德）都危險了。」孔子下車想和他談談，接輿連忙避開了，孔子沒能和他交談。

【講解】

接輿雖是狂人，但他所唱的內容卻嚴肅而深刻，所以孔子要下車與他交談。尤其是「往者不可諫，來者猶可追」兩句，已成千古名言，對我們很有啟發意義。

有的青少年朋友會說：由於我原先不知道讀書的重要性，不好好用功，使得成績退步了，現在我再努力，恐怕也追趕不上了。我們常說：只要你從現在開始努力，你就一定能追趕得上的。別說你們還小，就是我們成人，也會經常犯錯，但只要認識到錯誤並努力改正，就一定能把事情做好。

最大的錯誤是：認識到錯誤了，卻仍不改正；知道不用功不對，卻仍不用功。

年齡小正是你們的優勢，只要你們努力改正錯誤，不但「來者猶可追」，而且「往者」也是「可諫」的。

【範例】

皇甫謐是晉朝著名學者、醫學家。不過他小時候很不愛讀書，整天東遊西逛，縱情玩耍，毫無節制，一直到20歲時還是一副浪蕩樣。但他頗有孝心，有一次，他得到一些瓜果，便拿去孝敬他的嬸嬸任氏。任氏抓住這個機會，開導他說：「你今年已20歲了，還是這個樣子，我怎麼能安心呢！」又說：「你若有志氣，從現在起努力讀書還不算太晚，這對你將來有好處。你有出息比給我什麼東西都強。」說著，她傷心地流下了眼淚。嬸嬸的話深深打動了皇甫謐，他決心痛改前非，好好讀書。

他背著行李，離家到鄉下一位有學問的先生那兒去求學。鄉下生活很艱苦，他一邊下田工作，一邊讀書學習，幾年間讀遍了諸子百家的書。後來，他又拜名

儒席坦為師，更加深了自己的學問。到中年時，他不幸患了風瘻病，導致半身不遂，但他仍孜孜不倦地讀書、寫作，並開始研究醫學。就這樣，他成了一位著名大學者，著有《高士傳》、《帝王世紀》、《烈女傳》、《玄晏春秋》、《甲乙經》等多部著作和大量詩、賦、誄、頌作品。

閱讀筆記

18、百工居肆以成其事，君子學以致其道

【出處】

　　子夏曰：「百工居肆以成其事，君子學以致其道。」

　　　　　　　　　　　　　　　　　　—— 子張篇第十九

【注釋】

① 百工：各行各業的工匠。

② 肆：古代製作物品的工廠。

③ 致：達到。

【譯文】

　　子夏說：「各種工匠住在工廠裡完成他們的工作，君子透過學習而學到道理、知識。」

【講解】

　　「道」既指知識 —— 文化知識，又指道理 —— 做人的道理。

　　「百工」指各種工匠，我們就以玉匠為例。《禮記》中有句話叫「玉不琢不成器，人不學不知道」，即玉石不經過雕琢成不了玉器，人不經過學習不會掌握文化知識和做人的道理。沒經過雕琢的玉石是很粗糙、很醜陋的，沒什麼用處；不學習的人沒有文化知識、不懂做人的道理，是很無知、很粗鄙的，也沒什麼價

值。

　　所以，青少年朋友，你們要像玉匠師傅精心雕琢玉器一樣，用學習來認真打造自己，把自己打造成有道德、有知識的人，這樣你們才能成為有用的人才。

　　文化知識要學，做人的道理更要學，因為既有道德又有知識的人才會用自己所掌握的知識做有益於社會的事，只有知識而沒道德的人則不會。

　　在「孔子談學習」篇最後安排的這句話，既是用它概括學習的目的，也是用它開啟下一篇 —— 「孔子談做人」篇。

【範例】

　　青少年朋友，你們都知道王安石吧！他可是中國歷史上一位成就卓著的人物，之所以如此，關鍵在於他有勤學苦讀的精神。

　　他從小就好學不倦，據說，他連吃飯、睡覺的時候，手中的書也不肯放下。他讀的書非常廣泛，不管是諸子百家的經書、古代的史書，還是哲學著作、詩歌、小說，甚至醫書，他都認真閱讀。他不光學習書本知識，還學習實際技能，就連種田的方法、婦女縫衣繡花的技巧，他都留心注意。

　　王安石22歲考中進士後，被派到揚州做淮南判官。在官署裡，他除了辦公以外，就是埋頭讀書，甚至連睡覺的時間都犧牲了。有時，他讀書一直讀到天亮，實在疲憊極了，才睡上一兩個小時。而後便匆匆起床，胡亂穿上衣服，到府裡去辦公，常常連臉都顧不了洗。因此，人們總見他蓬頭垢面，一副奇形怪狀的模樣。

　　揚州知府韓琦是個愛惜人才、關心下屬的官員，他見王安石如此不修邊幅、放浪形骸，懷疑他夜間不務正業，便多次找他勸告說：「你年紀輕輕，前途不可限量，要自愛才是。千萬不能自暴自棄、誤入歧途啊！」王安石聽了，只是連聲

感謝太守的教誨，一句辯解的話也沒有。後來，韓琦得知王安石之所以衣冠不整、面容憔悴，是因為通宵苦讀的緣故，心中大為驚奇。從此，他便對王安石格外器重。

宋仁宗慶曆七年，王安石改任鄞縣知縣。一到任，他就給自己訂了一個規矩：一週中，拿出兩天時間集中處理公務，其餘時間全部用在讀書和寫作上。他非常勤奮，為了多讀一些書，他忘記了休息、睡眠，連吃飯的時間也常常被佔用了。每得到一本新書，他就晝夜不分、專心致志地閱讀，簡直到了入迷的程度。

王安石數十年如一日地博覽群書，鑽研了大量經史典籍和政治、經濟、軍事、文學藝術等方面的著作，同時還研究了佛學和道學，這使他的視野越來越寬闊，學識越來越淵博，最終成為中國歷史上傑出的政治家和文學家。

 閱讀筆記

孔子談做人

從上篇我們看到，孔子所說的學習，既指學習文化知識，也指學習做人的道理。相較之下，孔子關於學習做人的道理談得頗多，而關於學習文化知識則談得較少。這倒不是因為他認為學習文化知識不重要，而是由於他認為學習做人的道理更重要。

而且，他還認為：雖然學習做人的道理很重要，但真正按照所學到的道理去做更重要。

學了很多卻不照著做又有何益？倒不如學一點就照著做一點更見成效。

Ⅰ、我欲仁，斯仁至矣

【出處】

　　子曰：「仁遠乎哉？我欲仁，斯仁至矣。」 —— 述而篇第七

【注釋】

① 斯：就。

【譯文】

　　孔子說：「仁離我們很遠嗎？我想要仁，仁就會來到我身上。」

【講解】

　　青少年朋友，本篇是「孔子談做人」。

　　我先問你們，你們想做什麼樣的人呢？有三個選擇：一、以愛心、以善意對待他人的人，這種人是好人；二、以冷漠對待他人的人，這種人是不好不壞的人；三、以壞心、以惡意對待他人的人，這種人是壞人。我想，你們都會選擇第一個答案：做好人，即以愛心、以善意對待他人的人，而愛心、善意就是「仁」。

　　你們應該這樣選擇，因為只有以愛心、以善意對待他人的人才是有益於他人、有益於社會的人，以冷漠對待他人的人則不是，而以壞心、以惡意對待他人的人則是有害於他人、有害於社會的人。

　　那麼，具體而言，應該如何以愛心、善意對待他人呢？

以孔子為代表的儒家提出了「推己及人」的方法，即透過審視自己的所欲所不欲而推知別人的所欲所不欲。在此基礎上，孔子提出了「己所不欲，勿施於人」的主張，即你不希望別人對你怎麼樣，你就不要對別人怎麼樣；將這句話反過來，就是「己所欲者，必施於人」，即你希望別人對你怎麼樣，你就一定要對別人怎麼樣。

所以，每當你想對別人做什麼時，你先要考慮考慮你是不是希望別人也對你這樣做，如果不希望，你就不要去做；每當你希望別人對你怎樣時，你先要考慮考慮別人是不是也希望你對他這樣，如果是，你就一定要去做。

如果你希望別人尊敬你而不希望別人嘲笑你，你就不要嘲笑別人而要尊敬別人；如果你希望別人關愛你而不希望別人對你冷漠，你就不要對別人冷漠而要關愛別人。

你這樣做，就是在以愛心、以善意對待別人。

只要你想以愛心、以善意對待別人，你就一定能以愛心、以善意對待別人；只要你想做好人，你就一定能做好人，所以，「我欲仁，斯仁至矣。」

最後，需要指出的兩點是：

一、「己所不欲，勿施於人」和「己所欲者，必施於人」都是道德準則，如果濫用，就不符合道德了。譬如一個同學在考試時想抄你的，你也就讓他抄，這種害人又害己的做法，當然是不道德的。

二、以愛心、以善意對待別人不是盲目的，而是必須遵循一定的原則、一定的方式。這些我們將在本篇和「孔子談待人」篇中介紹。

【範例】

三國時，周處曾擔任吳國的無難督。晉滅吳後，他先任新平太守，後升為御

史中丞。氐人齊萬年起兵攻晉，周處領兵西征，以身殉國。

周處是義興陽羨（今江蘇宜興）人。他年輕的時候，兇橫霸道，到處作惡，當地人都認為他是個禍害。當時，義興郡的水中有條蛟龍，山上有隻惡虎，都不時侵擾百姓，義興人就將牠們與周處並稱「三害」，其中尤以周處最令人頭痛。

有人想出個主意，勸說周處去殺虎斬蛟，目的是想讓三害相殘，讓老百姓多得點安寧。

周處立即上山打死了那隻老虎，又下水去追殺蛟龍。蛟龍時沉時浮，很難對付，他和蛟龍糾纏在一起游了幾十里，經過三天三夜還未分出勝負。鄉里人以為他已經死了，就互相慶賀，這回可好了，三害除去兩害，從此就有太平日子好過了。不料周處竟殺死蛟龍回來了。他看到鄉里人慶賀的情形，竟是慶賀自己的死，才明白自己已被人們厭惡到什麼程度，便產生了悔改之心。

於是，他到吳郡去找當時的名士陸機和陸雲兄弟。陸機不在家，他只見到陸雲，便把自己的情況都告訴了他，並說自己想改邪歸正，但是年齡大了，恐怕為時已晚，難以改變自己的名聲了。陸雲開導他說：「孔子說：『朝聞道，夕可死。』何況你來日方長呢！你只要真心悔改，棄惡從善，何愁得不到美名呢？」

從此，周處努力改過，追求上進，終於成為一員名將，贏得了世人的尊敬。

2、苟志於仁矣，無惡也

【出處】

　　子曰：「苟志於仁矣，無惡也。」　　　　　—— 里仁篇第四

【注釋】

① 苟：假如。

② 志：立志。

③ 惡：惡行。

【譯文】

　　孔子說：「如果你真想以愛心、以善意對待別人，你就不會對別人做壞事了。」

【講解】

　　青少年朋友，這句話好像很好理解：如果你想做好人，你就會以好人的標準要求自己，就不會做壞事。但請注意我加的「真心」二字：你只有真心想這樣做，你才會真正要求自己這樣做。

　　你們都想做好人，都想以愛心、以善意對待別人，但有的青少年朋友卻往往在怠惰時、在受到誘惑時、在無人守著時做些違背這一目標的事，我們就很難說他們是真心的。

　　譬如，應該把垃圾扔進垃圾桶裡才對，但有的青少年朋友卻扔到垃圾桶旁就

走了；應該在如廁後沖水才對，但有的青少年朋友卻在如廁後就匆匆跑了……這樣做，既破壞了環境，又需讓清潔工人多付出辛勞。

這些青少年朋友會說：我在大事上注意，這些小事……就無所謂了，再說也沒有損害到別人呀！

《三國演義》中的劉備臨終前給他的兒子劉禪留下兩句話：「勿以惡小而為之，勿以善小而不為。」意思是不要因為壞事小就去做，不要因為好事小就不去做。因為事情都有個累積、漸進的過程。你今天放縱自己做件芝麻大的壞事，明天就會放縱自己做件葡萄大的壞事，後天就會放縱自己做件核桃大的壞事……如此放縱下去，你就會做出西瓜大的壞事，這樣你不但不是做好人，而是與做好人的目標背道而馳了。

所以，你們要真心做好人，就要從一點一滴的小事做起，在一點一滴的小事上嚴格要求自己。

【範例】

東漢人楊震少時即勤奮好學，拜名儒桓郁為師，攻讀諸子百家的典籍，成為聞名天下的大學者。當時的儒士們對楊震推崇備至，稱他為「關西孔子」。

楊震客居異鄉20多年，靠教書得來的微薄收入奉養老母。州郡的官員聞知他的名聲，屢次邀請他出仕，他都沒有答應。直到50歲時，在朋友們的勸說下，他才應聘到州裡任職，隨後擔任過荊州刺史、東萊太守、涿郡太守等職務，為官以廉能著稱。

安帝元初四年（西元117年），楊震被調到朝廷任太僕（九卿之一），轉任太常。他因舉薦楊倫等一批賢能之士為博士官，扭轉了選舉不實的局面，因而受到朝野的讚揚。永寧元年（西元120年），他晉升為三公之一的司徒。

楊震入仕之前家境窘迫，長期過著自食其力的清貧生活。他除了教授學生之

外，還借種別人的一塊土地，親自耕耘，以維持生計。當時的人都很敬重他，但他從不接受別人的餽贈。

他從荊州調往山東任東萊（今山東萊州）太守，路經昌邑縣（今山東金鄉西北）時，昌邑縣令王密特來拜見。

王密是楊震在荊州時舉薦的茂才（秀才），他為了報答楊震的知遇之恩，當天晚上趁夜深人靜，懷抱十斤黃金呈獻楊震。

楊震批評他說：「身為老相識，我比較瞭解你，你怎麼會不瞭解我呢？」

王密以為他假意推辭，便說：「夜裡不會有人知道這件事，請大人放心收下吧！」

「天知、神知、我知、你知，怎能說沒有人知道呢？快給我收起來！」

楊震嚴肅地訓斥了他。王密只得連連向他道歉，收起金子拜辭而歸。

從此，楊震「夜畏四知，嚴拒賄金」的故事一直被後世傳為美談。

閱讀筆記

3、見善如不及，見不善如探湯

【出處】

子曰：「見善如不及，見不善如探湯。」 —— 季氏篇第十六

【注釋】

① 探湯：把手伸進滾燙的水裡。探，伸手。湯，開水。

【譯文】

孔子說：「發覺自己產生了做好事的念頭，就要像害怕來不及做一樣趕緊去做；發覺自己產生了做壞事的念頭，就要像害怕手探到開水裡一樣趕緊退回來。」

【講解】

關於「見善如不及」：光有愛心、有善意是不夠的，關鍵是要體現在行動上。如果你想到做好事，就要趕緊去做，這樣才說明你真的有愛心、有善意。譬如你看到一個老人上公車吃力，你想上前扶他，卻遲遲沒有行動；如果你看到一個同學遇到了困難，你想幫幫他，卻直到人家的困難解決了還沒行動……那麼怎麼證明你有愛心、有善意呢？你和對人冷漠的人還有什麼區別呢？

只有行動才能證明你的愛心、你的善意。

關於「見不善如探湯」：好人有時也會產生做壞事的念頭，但好人與壞人的區別是：壞人產生做壞事的念頭後，往往付諸行動，真的做了壞事；而好人一產

生做壞事的念頭後，他就像害怕會大大地傷害自己一樣趕緊把這種念頭消除掉。做壞事就是傷害自己的品德，豈不是大大地傷害自己嗎？

要像愛護自己的身體一樣愛護自己的品德，要比愛護自己的身體更愛護自己的品德！

【範例】

明朝有一位著名清官叫劉大夏。明弘治二年（西元1489年），他被任命為廣東右布政使。到任不久，他便遇到了一件事。

一天，劉大夏到庫中清查，發現有一項羨餘錢（正賦外的無名稅收）沒有入帳，庫吏告訴他，這項羨餘錢從來不入庫簿，都是歷任布政使公然取去中飽私囊，並請劉大夏照例辦理。劉大夏沉吟了好一會兒，突然大聲對自己說道：「劉大夏啊！你平日讀書求道，為何遇到這種事，就沉默這麼久，實在有愧古人，不是一個大丈夫啊！」說罷，命庫吏將這項羨餘錢如數登入庫簿做為正式開銷，自己分文未取。

正因為能夠如此自警自責，劉大夏做官始終保持了清正。

 閱讀筆記

4、過而不改，是謂過矣

【出處】

　　子曰：「過而不改，是謂過矣。」　　　── 衛靈公篇第十五

【譯文】

　　孔子說：「犯了錯卻不改正，才是真正的錯啊！」

【講解】

　　青少年朋友，無論你們怎樣嚴格要求自己，無論你們怎樣「見不善如探湯」，你們難免會犯錯，這是可以體諒的。知道自己犯了錯後能自覺改正，你們的錯就是可以原諒的。

　　如果知道自己犯了錯，卻不加以改正，就是錯上加錯，就是真正的錯，就是不能原諒的。

　　青少年朋友，我們大人還經常會犯錯，你們還小，更容易犯錯。犯了錯以後，不要難過，更不要不以為然，而要自覺改正。這樣才能端正自己的行為，不使自己以後再犯類似的錯。

【範例】

　　青少年朋友，我們先來看一個正面的例子。

　　明朝時，常州府江陰縣有個人叫嚴本。他很小就失去了母親，被送到姑姑家讀書，後來又回到江陰種田奉養父親。他把自己的居室命名為「君子齋」，專與

德高望重的鄉賢結交。他十分注意修身之道，小時候愛玩琵琶，父親教導他之後就不再玩了；原喜歡喝酒，聽了朋友的勸告後，便把酒戒了。他從不喝酒開始，逐步做到淫蕩的樂聲不聽；靡麗的畫冊不看；出席宴請只略微應酬，從不大吃大喝，有歌妓則堅決迴避。

就這樣，他的修養越來越高，越來越受到人們的尊敬，並為朝廷所看重，在永樂年間被授予大理寺左寺正的官職。

我們再來看一個反面的例子。

南北朝時，賀敦為晉的大將。他自以為才高功大，瞧不起同僚們，常常因為自己的官位太低而大發牢騷。

不久，他奉命率軍討伐平湘洲，打了勝仗，立了大功。他認為自己這次一定會受到提拔。可是不知道為什麼，他反而被撤掉了原來的職務。這讓他實在難以接受，於是對傳令使狠狠發了一頓脾氣。

晉公宇文護聽了傳令使的彙報後，十分震怒，馬上下令將賀敦召來，逼迫他自殺。賀敦臨死前，對兒子賀若弼說：「我有志平定江南，為國效力，而今未能實現，你一定要繼承我的遺志。我是因為這舌頭把命丟了，這個教訓你一定要汲取啊！」說完，他拿起錐子，刺破了兒子的舌頭，想讓他記住這血的教訓。

時間過得飛快，轉眼幾十年過去了，賀若弼也做了隋朝的右領大將軍。他不但沒汲取父親的教訓，反而秉承了父親的壞毛病，也為自己的官位比他人低而怨聲不斷，自認為當個宰相也是應該的。不久，功績不如他的楊素卻做了尚書右僕射，而他仍為將軍。他氣不過，不滿的情緒和怨言便時常表露出來。

隋文帝楊堅聽說後，便將賀若弼逮捕下獄。隋文帝責備他說：「你這個人有三太猛：嫉妒心太猛；自以為是的心太猛；隨口胡說的心太猛。」因為他有功，不久就把他放了。但他仍不汲取教訓，又對人誇耀他和皇太子楊勇的親密關係，

說：「皇太子跟我情深意切，連最機密的事都對我附耳相告。」

後來楊勇因遭其弟楊廣暗算，被楊廣取代了皇太子位置，賀若弼的處境可想而知。

隋文帝得知他又在胡言亂語，就把他召來說：「我用高潁、楊素為宰相，你多次在眾人面前放肆地說『這兩個人只會吃乾飯，不配當宰相』，這是什麼意思？你的意思是不是說皇帝我不會用人？」賀若弼回答說：「高潁是我的老朋友，楊素是我舅舅的兒子，我瞭解他們，我也確實說過他們不適合當宰相的話。」這時因他言語不慎，得罪了不少人，朝中一些公卿大臣怕受株連，都揭發他過去說的那些對朝廷不滿的話，並聲稱他罪當處死。

當此情形，隋文帝對賀若弼說：「大臣們對你都十分厭惡，要求嚴格執行法規，你自己想想可有活命的道理？」賀若弼求告說：「我知道我罪該當死，但我曾憑陛下神威，率八千兵渡長江活捉了陳叔寶，希望能看在過去功勞的份上，給我留條活命！」隋文帝說：「你將出征陳國時，對高潁說：『陳叔寶被削平後，我們這些功臣會不會『飛鳥盡，良弓藏？』高潁對你說：『我向你保證，皇上絕對不會這樣做。』是吧？等到消滅了陳叔寶，你就要求當內史，又要求當僕射，這些我都答應了，不曾虧待過你吧？」賀若弼說：「我確實蒙受陛下格外的重賞，今天我還希望陛下格外地賞我活命。」隋文帝念他勞苦功高，只把他的官職撤了。

父子兩代人，一個因妄言喪命，一個因妄言丟官，教訓何其慘痛！

5、歲寒，然後知松柏之後凋也

【出處】

　　子曰：「歲寒，然後知松柏之後凋也。」　　── 子罕篇第九

【注釋】

① 凋；樹葉凋落。

【譯文】

　　孔子說：「天氣寒冷了，才會知道松柏的葉子是最後凋謝的。」

【講解】

　　這是一句非常有名的話，中國歷代之所以有那麼多稱頌松柏氣節的詩文，幾乎都與孔子的這句話有關。

　　那麼，青少年朋友，這句話對你們有什麼啟示呢？

　　雖然有的青少年朋友會說：「我在大事上注意，在小事上馬虎點無所謂。」（對這種想法，我們已在前面批評過了）但你們不知道：遇到大事時、碰到大困難時或受到大誘惑時，才是真正考驗人的時候。

　　譬如有的青少年朋友，撿到幾塊錢時，會交給失主、交給學校，但偶爾撿到幾百元時卻捨不得交還，而是拿回家了；有的青少年朋友平時坐公車一直讓位給老人，但有時累了，就懶得讓了；有的青少年朋友，別人送給他一個本子以求能抄他的考卷，他予以拒絕，但送給他一個mp3，他就答應了……我們說，這幾位

青少年朋友沒有經得起大事（大的情況、大的困難、大的誘惑）的考驗。

而在大事上經不起考驗，更能損害他人的利益，更能損害自己的品德。

所以，青少年朋友，我們既要在平時、在小事上嚴格要求自己，更要在大事上堅守住自己的品德，讓自己經得起大事的考驗。

而在大事上經得起考驗，更能鑄造一個人的品德。

【範例】

南宋瀕臨滅亡時，可以說到了最嚴寒的時候，而這時出現了一位極具松柏氣節的人物 —— 文天祥。

文天祥，字采瑞，西元1236年出生於江西盧陵縣（今江西吉安）。他自幼刻苦學習，立志長大後做忠臣志士，常以「自強不息」自勉。20歲那年，他考中狀元。西元1259年，蒙古人在滅金後，開始舉兵南下，把矛頭指向南宋。鄂州危急之時，奸臣宋臣等卻主張遷都逃跑。文天祥對此異常氣憤，上書要求把宋臣之流處斬，以表堅決抵抗的決心，並提出了一些具體的防守辦法。但此時的南宋已是權奸當道，文天祥上書得罪了他們，被迫棄官回鄉。之後十多年，他時而做官，時而罷官，始終沒機會施展自己的政治抱負。

西元1271年，蒙古人建立元朝，並於西元1274年大舉進攻南宋。宋朝反擊接連失利，已無力再加抵抗，京城臨安危在旦夕。在贛州做官的文天祥聞訊後，毫不猶豫地賣掉家產以充軍資，起兵抗元。深受感動的當地民眾紛紛響應，很快聚集了兩萬人。他們日夜兼程，趕到臨安。京城百姓十分高興，但因朝廷被投降份子把持，他的軍隊沒能發揮多大作用。西元1276年，元軍逼近京城。危急關頭，南宋宰相陳宜中卻逃跑了。文天祥勇敢地擔起右丞相重任，不懼危險到元營談判。談判時他痛斥元軍無理南侵，要他們先撤兵再議和。

元將企圖以死威脅逼他投降，文天祥威武不屈地說：「文某只知抵抗，不知什麼叫投降。國存我存，國亡我亡，即使你把刀放在我脖子上，油鍋擺在面前也沒用。」而與文天祥一同來談判的南宋官員賈余慶等人則屈膝降元，並回去誘勸皇太后「歸順」元朝。文天祥聞知後怒不可遏，痛罵返回元營奉表獻土的賈余慶等。在被押往北方途中，文天祥原想自殺，後得知有些官員在福建另立新帝，就伺機逃跑了。他歷盡艱辛，渡海到了福州，見到新立的皇帝宋端宗後，仍被封為右丞相，並受命去負責江西一帶軍事。他積極招兵買馬，收復一些州縣，但終因力量懸殊被元軍打敗，連家眷也被擄走。他脫險後退到廣東，繼續抗元，不久又被俘。當時文天祥曾服毒自盡，但未能如願。西元1279年2月，元軍攻破南宋王朝最後一個根據地崖山，南宋徹底滅亡。

國已破，家已亡，元軍認為文天祥已沒有指望，便加緊勸他投降，並威脅他寫信給南宋其他愛國將領，勸他們放棄抵抗。文天祥嚴辭加以拒絕，並取筆寫下「人生自古誰無死，留取丹心照汗青」的詩句。元朝統治者仍不死心，元朝皇帝忽必烈親自出面勸降，並以高官相許。文天祥斬釘截鐵地說：「國亡不能救，已死有餘辜，難道我還貪圖官位、懼怕死亡嗎？」

西元1283年臘月初九，文天祥正氣凜然地走向刑場。一個元朝官員上前說道：「萬歲降旨，你若肯投降，仍可免死。」文天祥朝著南方遙遙下拜：「我報國的使命已經完成了。」說完，從容就義。

6、執德不弘，通道不篤

【出處】

子張曰：「執德不弘，通道不篤，焉能為有？焉能為亡？」

—— 微子篇第十九

【注釋】

① 執：執行，奉行。

② 弘：弘揚，發揚光大。

③ 篤（ㄉㄨˇ）：堅定。

④ 焉能：怎能。

⑤ 亡：同「無」。

【譯文】

子張說：「奉行道德卻不能使它發揚光大，信奉道德卻不堅定，（這樣的人）怎麼能說他有道德，怎麼能說他沒道德呢？」

【講解】

青少年朋友，你們看，這句話緊跟著來了：如果一個人在平時、在小事上遵守道德、奉行道德，而在大事上卻經不起考驗，做出違反道德的事，那麼怎麼能說他是個有道德的人呢？

需要說明的是：「焉能為有？焉能為亡？」我認為解釋為「怎麼能說他有道

德，怎麼能說他沒道德呢？」更妥當，但很多書中都解釋為「有他又怎麼樣，沒有他又怎麼樣（即可有可無）」，這種解釋也講的通。

如果按照這種解釋，那麼就是：

只有真正信奉道德的人，才是真正有益於社會的人，才是社會真正需要的人；而「執德不弘，通道不篤」的人，社會有他沒他都無所謂。

【範例】

唐人張延賞出任判度支一職後，得知過去有一件重大案件處理不當，便把獄吏們召集在一起，非常嚴厲地告誡他們要主持公正，重新查辦此案。第二天，他到官署處理公務，見桌上放著一張小紙條，寫著：「奉上三萬貫錢，請求不要過問這個案子。」張延賞大怒，愈加催促獄吏趕緊辦理。第三天早上，他的桌上又出現一張小紙條，上寫：「奉上五萬貫錢。」張延賞更火大了，命令獄吏在兩天內一定要辦完。第四天早上，他的桌上又出現一張小紙條，上寫：「奉上十萬貫錢。」張延賞猶豫一陣，終於決定停止追查。跟隨他的子侄們問他緣由，張延賞說：「十萬貫錢，連神都能買通了，還有什麼事不能挽回呢？」。成語「錢可通神」據說就是這麼來的。

張延賞先是通過了三萬貫錢的考驗，後又通過了五萬貫錢的考驗，最終卻經不起十萬貫錢的考驗，他真是「執德不弘，通道不篤」啊！

7、三軍可奪帥也，匹夫不可奪志也

【出處】

子曰：「三軍可奪帥也，匹夫不可奪志也。」——子罕篇第九

【注釋】

① 三軍：全軍。

② 匹夫：一個人。

【譯文】

孔子說：「一支軍隊可以被奪去主帥，一個人卻不能被奪去志向。」

【講解】

青少年朋友，一支軍隊是不能被奪去主帥的，否則就會變成一團散沙、不戰而敗，孔子只不過以此來比喻一個人不能被奪去志向的重要性。

如果你立志做個有道德的人，你就要克服種種困難，承受種種壓力，抵制種種誘惑。如果你被這些東西奪去志向，那麼你不但不能成為有道德的人，還有可能成為道德敗壞的人。

所以，無論遇到什麼情況，都要堅定自己的志向。

【範例】

佛教在東漢初傳入中國，到唐朝進入鼎盛時期，並由中國傳入日本、朝鮮。

這期間，發生了許多感人的故事，鑒真和尚東渡日本就是其中最為人傳誦的一個。

鑒真，廣陵江陽（今揚州）人，本姓淳于。他自幼出家，遊歷洛陽、長安等地，研究佛學三藏，後到揚州大明寺講經傳法，是唐朝著名的高僧。

唐天寶元年（西元742年），日本留學僧普照來到揚州，真誠邀請鑒真大師赴日本傳揚佛法。這是佛門弟子義不容辭的職責，因此，儘管當時唯一通向日本的海路諸多風險，鑒真還是毅然決定應邀東渡。他的弟子深受感動，紛紛要求一同前往。

鑒真一行連續五次東渡，都因官府攔阻或遇颶風而未能成功。特別是第五次東渡，颶風將他們的船隻颳到海南島，他們只好上岸，取道兩廣而回揚州。在這次航行中，鑒真的雙目患病，治療無效而失明。可是他為了弘揚佛法，寧願犧牲生命，也要東渡成功。

鑒真第六次東渡時，已是66歲的老人了。他和隨行人員搭船乘風破浪，頑強前行，終於在日本天平勝寶六年（西元754年）12月抵達日本薩摩秋妻屋浦（今日本九州南部），並開始傳揚佛教。

第二年，鑒真被迎入當時日本首都奈良，他在那裡的東大寺設壇為天皇、皇后、皇太子及眾僧俗授戒，成為日本律宗的始祖。

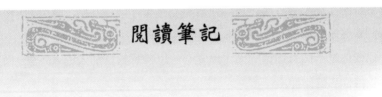

閱讀筆記

8、德不孤，必有鄰

【出處】

子曰：「德不孤，必有鄰。」

—— 里仁篇第四

【注釋】

① 德：有道德的人。

② 鄰：鄰人，鄰居，這裡指陪伴的人。

【譯文】

孔子說：「有德行的人不會孤單，一定會有陪伴他的人。」

【講解】

青少年朋友，之所以強調要堅定自己的志向，是因為做有道德的人，做以愛心、以善意對待別人的人，並不是總能得到人們的理解和尊敬，有時反而會受到誤解和打擊，但只要你認為自己做得對，就不要因為人們不理解而抱怨，不要因為人們誤解而沮喪，不要因為受到打擊就退縮。

只要你是一個有道德的人，以愛心、以善意對待別人的人，就一定有人肯定你、支持你、陪伴你。

如果你是一個沒道德的人，以冷漠對待別人的人，你就會受到人們的冷漠和孤立。

如果你是一個道德敗壞的人，以壞心、以惡意對待別人的人，你就會受到別

人的譴責和排斥。

【範例】

　　大家都知道白居易是唐朝大詩人，卻很少有人知道他還有一個也很了不起的堂弟白敏中。白敏中曾中過狀元，這當然令人欽佩，但更令人欽佩的是他在中狀元前發生的一段故事。

　　白敏中讀書時，與風流瀟灑的賀拔其心是好朋友，兩人一起去京城參加科舉考試。當時的主考官王起很欣賞白敏中的才學，想錄取他為狀元，但又不滿意他與賀拔其心的交往，就派人帶信給白敏中，要他斷絕與賀的關係。白敏中很想考中，於是，在賀拔其心來訪時，就讓僕人說自己不在家。但是賀拔其心剛離開，白敏中就後悔了。他跑出去追回賀拔其心，將事情告訴了他，然後說：「狀元有什麼了不起，難道比朋友更重要嗎？」於是邀賀拔其心到家中暢飲。王起知道後，不但沒有怪罪白敏中，反而說：「我原來只想錄取白敏中，現在我卻想連賀拔其心也一起錄取了。」

　　王起先是看中了白敏中的才華，隨後又透過這件事看中了白敏中的人品，所以將二人一同錄取，以示嘉許。如果白敏中因貪圖功名而背叛朋友，那麼他不但會失去朋友，而且也不會被王起這麼看重。

　　白敏中後來成為唐朝著名的政治家、文學家和書法家。

閱讀筆記

9、巧言亂德。小不忍則亂大謀

【出處】

子曰：「巧言亂德。小不忍則亂大謀。」——衛靈公篇第十五

【譯文】

孔子說：「耍嘴皮會敗壞品德。在小事情上不能忍耐，就會壞了大事情。」

【講解】

我知道，有些青少年朋友愛耍嘴皮，因為這樣做能討別人的歡喜。我奉勸他們不要這樣做，因為久而久之，會使自己養成投機取巧的壞習慣，而敗壞自己的品德。還是以誠誠懇懇做人、踏踏實實做事贏得人們的尊敬和信賴比較實際。關於此，請參閱「孔子談知人」篇中的「巧言令色，鮮矣仁」一節。

我們再談「小不忍則亂大謀」：我們的大謀是做有道德的人，所以絕不能在小事、小節上放縱自己，絕不能因為受到點小誘惑就做違心之事，絕不能因為受了點氣就報復別人……

「小不忍則亂大謀」既可用到做人方面，又可用到做事方面，請參閱「孔子談言行」篇中的「欲速，則不達；見小利，則大事不成」一節。

【範例】

西元前283年，藺（ㄌㄧㄣˋ）相如完璧歸趙之後，接著又在澠（ㄇㄧㄣˇ）池會上巧妙地跟秦王爭鬥，維護了趙國的尊嚴。趙惠王見他功勞大，便提拔他做

了上卿，地位在老將軍廉頗之上。

如此一來，廉頗發火了，他對人說：「我在趙國做了多年的大將，為趙國立下赫赫戰功，而藺相如本來是一個出身低下的人，只靠說了幾句話的功勞，就把職位擺在我的上面，我實在感到沒臉見人。」他揚言：「我要是遇到藺相如，一定要羞辱他一番。」

藺相如聽到廉頗這些話後，處處忍讓，盡量不與廉頗見面。每天上早朝時，他就推說有病，躲在家裡不與廉頗爭位次。有一次藺相如乘車外出，碰巧遇到廉頗，就連忙駕著車子躲開。藺相如身邊的人看到這種情形都很生氣，說藺相如太軟弱、太畏縮了，不要說是他，就是在他身邊任職的人也感到羞慚，於是大家都說要離開他。

藺相如堅決不讓他們走，並向他們解釋說：「你們想想看，秦王那樣威嚴，我都敢在秦國的朝廷上當眾斥責他，我藺相如再不中用，也不會單單懼怕廉頗將軍。我是在想，強暴的秦國之所以不敢侵犯趙國，只是因為我們的文臣、武將能同心協力的緣故。我與廉頗將軍好比是兩隻老虎，兩虎相爭，結果必然不能共存。我之所以採取忍讓的態度，正是先考慮到國家的安危，然後才想到個人的恩怨呀！」

不久，這些話讓廉頗知道了。這位老將軍反觀自己的言行，感到既悔恨又慚愧，於是，為了表示自己知錯能過的誠意，他脫掉上衣，背上背著刑杖由賓客帶領著來到藺相如家裡請罪。一見藺相如，老將軍就單腿跪地，懇切地說：「鄙賤之人，不知將軍寬之至此也。」意思是說：我這個粗魯的人，不知道將軍對我能如此寬宏大量啊！

從此，藺相如和廉頗這一相一將情誼更加深厚，結成了生死與共的朋友，通力合作，努力把國家的事情辦好。

10、觚不觚，觚哉！觚哉！

【出處】

　　子曰：「觚不觚，觚哉！觚哉！」　　　　　　—— 雍也篇第六

【注釋】

① 觚（ㄍㄨ）：古代一種酒具。

【譯文】

　　孔子說：「觚如果不像觚，還是觚嗎！ 還是觚嗎！」

【講解】

　　青少年朋友，你們可能會說：孔子值得為酒杯像不像酒杯而如此感慨嗎？

　　的確，為酒杯的事不值得這樣，而孔子所感慨的是許多有名無實、名存實亡的事物，其中最主要的是人。

　　孟子說：「仁者，人也。」意思是人與仁是密不可分的，做人就要以愛心、以善意待人；而以愛心、以善意待人的人才是人。

　　那麼，對人冷漠的人則是冷血動物；而以壞心、以惡意對待他人的人則是人類中的敗類。

　　青少年朋友，我們既然生而為人，就要做名副其實的人，即第一種人；而不能做有名無實的人，即第二、第三種人。

【範例】

　　乾隆末年，朝廷內有兩位赫赫有名的人物。他們同為軍機大臣、內閣大學士，也同為乾隆皇帝所倚重。但他們在做人方面卻有天壤之別，一個可謂人中之楷模，一個可謂人中之敗類，前者乃王傑，後者則是和珅。

　　大家對和珅瞭解頗多，在此我們著重介紹一下王傑。

　　王傑（西元1725年─西元1805年），字偉人，號惺園，陝西韓城人。年輕時曾為兩江總督尹繼善、江蘇巡撫陳宏謀的幕僚，兩人都很器重他，稱他為「正士」。乾隆26年（西元1761年），王傑參加科舉考試。乾隆帝閱完他的考卷後極為欣賞，又加上尹繼善等人曾經推薦，所以將他定為狀元。王傑因此成為自清朝以來陝西的第一個狀元。他先後擔任直南書房、內閣學士、刑部侍郎、吏部侍郎、左都御史、兵部尚書等職。乾隆51年（西元1786年）任軍機大臣，次年拜東閣大學士，至嘉慶帝親政後又成為首輔。

　　王傑對自己要求極嚴，從不謀求私利。他曾三次主持浙江的科舉考試，兩次主持福建的科舉考試，門生眾多。一般人都把主持科舉考試當作徇私斂財的機會，而王傑則不然。他常教誨學生要廉潔奉公，他自己更是以身作則。一次，他的一個門生調任回京，巧遇王傑的生日，便送上白銀數百兩，以表祝賀。王傑誠懇地對他說：「從前我是怎麼跟你說的？今天我若接受你的賀禮，我還對得起當初我所說的話嗎？」門生甚為感動，連忙將銀子收回。

　　王傑的兒子既博覽群書，又擅長書法，曾在京城為父代筆。左右的同僚都很關心，希望他能金榜題名，就連乾隆皇帝也多次問及。但是，王傑認為自己的兒子喜歡喝酒，不適合做官，況且自己身居高官，兒子若參加考試，同僚必然有所照顧。因此，每逢考試時，他就對眾人說：「誰若錄取我的兒子，我就彈劾他。」他的兒子無奈之下，只好回到陝西，想轉而參加該省的鄉試，而當時的陝

西巡撫恰是王傑的門生。王傑連忙寫信給陝西巡撫，又用從前的話叮囑他，致使陝西巡撫一直不敢錄取他的兒子。

在生活上，王傑也很簡樸，從不鋪張。然而，王傑的清廉卻遭到了大貪官和珅的嫉恨。一次，和珅竟到乾隆帝面前說王傑貪贓枉法，在家鄉蓋有三王府、四王府。乾隆皇帝遂密令陝西巡撫，讓他藉故突然到王傑的家鄉，調查他的住宅情況。巡撫到了以後，只看到幾間非常簡陋的房子，便詢問三王府、四王府是怎麼回事，才知道是王傑兄弟就其姓及排行而對他們住宅的一種笑稱。於是，巡撫據實奏告皇上。乾隆皇帝得知此事後，特招王傑前來，對他說：「你身為軍機大臣，而老家的房子卻太簡陋了。我賞你3000兩銀子好好修建一下。」王傑至此都不知道是怎麼一回事，但他還是謝絕了皇上的美意。清朝著名文人姚鼐在為王傑撰寫神道碑時，特以「素行無瑕疵」來稱讚他的廉潔。

王傑嫉惡如仇，與和珅共事多年，不僅不與之同流，而且多次指責、揭露和珅的醜惡面目。當時，和珅勢力很大，大臣們都不敢說話，而王傑卻經常在朝廷上與他據理力爭。由於乾隆帝信任王傑，所以和珅雖恨之入骨卻又無可奈何。每次議政之後，王傑都默然獨坐，對和珅不屑一顧，而和珅卻總是和王傑搭話。一次，和珅拿出一幅水墨畫，請王傑一起觀賞，王傑為了諷刺和珅的貪婪，便用雙關語說：「貪墨之風，一至於此。」弄得和珅十分狼狽。還有一次，議政之後，和珅為了討好王傑，故意拉著他的手開玩笑說：「狀元宰相手果然好！」王傑正言厲色道：「王傑手雖好，但不能要錢耳！」和珅黯然離去，而周圍的人都對王傑肅然起敬。嘉慶皇帝親政後，王傑向新皇帝揭露了和珅的所有不法行為，終於使這個清朝歷史上著名的貪官被繩之以法。

嘉慶八年（西元1803年），王傑告老還鄉。至此，他任官四十餘年，卻貧窮得跟當書生時一樣。嘉慶皇帝親贈詩兩首，為他送行。其中一首寫道：

屢蒙恩旨秉文衡，

藝苑群瞻桃李榮。

直道一身立廊廟，

清風兩袖返韓城。

　　王傑博得了「直道一身立廊廟，清風兩袖返韓城」的讚譽，而大貪官和珅卻被釘在歷史的恥辱柱上。

閱讀筆記

11、吾日三省吾身

【出處】

　　曾子曰：「吾日三省吾身：為人謀而不忠乎？與朋友交而不信乎？傳不習乎？」

　　　　　　　　　　　　　　　　　　　　——學而篇第一

【注釋】

① 曾子：即曾參。

② 三：表示多次。

③ 省（ㄒㄧㄥˇ）：自我檢視，反省。

④ 傳（ㄔㄨㄢˊ）：老師傳授的知識、學業。

【譯文】

　　曾參說：「我每天多次反省自己：為別人做事盡心竭力了嗎？與朋友交往守信用了嗎？老師傳授的學業溫習了嗎？」

【講解】

　　青少年朋友們，「三省吾身」這句話非常有名，你們其中許多人都聽說過。現在你們知道了，這句話出自《論語》，是孔子的高徒曾參說的，同時你們也知道了曾參所反省的內容。

　　這三項內容我們每個人都應反省；除此之外，我們還應即時反省其他我們應反省的事情。為什麼呢？

你們常去商店買東西，不知道你們注意到沒有：每賣出一件東西，商店老闆都在小本子上記下來。他們這樣做有什麼用呢？用處可大了！他們每天都要對著這個小本子進行「反省」：今天是賺了還是賠了？賺了的原因在哪裡，賠了的原因又在哪裡？我的貨受人歡迎嗎？我的服務好嗎？等等。然後他們根據「反省」的結果即時進行調整，進行改進。這樣，他們才能把生意經營好，經營得越來越興盛。

我們也應該這樣「經營」自己，每天都反省一下：我今天哪些該做的事做了，哪些該做的事沒做？哪些事做得好，哪些事做得不好？做得好的原因在哪裡，做得不好的原因又在哪裡？等等。然後依此進行彌補，加以改進。這樣，我們就會每天都有收穫，每天都有進步。

【範例】

明朝有個書生叫高汝白，他參加科舉考試中了進士，寫信向撫育他的叔父報喜。叔父回信說：「儘管你考中了進士，我並不為此高興，反而因此擔憂。之後你可能會逐漸放鬆對自己的要求，所以我希望你每天將自己的行為舉止用筆記在本子上，然後寄給我。」高汝白不以為然，又給叔父回信說：「我一直在您身邊長大，難道您還不瞭解我，而擔心我會放縱自己？」

過了一段時間，他問一個一直跟隨他的老家人，自己有沒有改變。老家人說：「比起往日是逐漸有所不同。」他才突然有所警覺，於是，用一個本子把自己每天的言行記錄下來，進行檢視，發現自己的缺點多得寫不完。他很害怕，從此激勵自己努力學習，修養品德，逐漸地改掉本子上記錄的缺點。就這樣，高汝白終於成為一個品德高尚的人，受到世人的尊敬。

再說一個清朝的故事。有一位叫徐文靖的人，也是用類似的方法修養自己的

品德。他準備好一堆黃豆、一堆黑豆和兩個瓶子，每當做了一件好事，他便在一個瓶子中投進一粒黃豆；要是做錯了一件事，便在另一個瓶子中投進一粒黑豆。一開始是黃豆少、黑豆多；漸漸地變成黃、黑各半；久而久之，黃的就越來越多於黑的了。

閱讀筆記

12、不遷怒，不貳過

【出處】

　　哀公問：「弟子孰爲好學？」孔子對曰：「有顏回者好學，不遷怒，不貳過，不幸短命死矣。今也則亡，未聞好學者也。」

── 雍也篇第六

【注釋】

① 哀公：即魯哀公，魯國的君主。

② 孰：誰。

③ 遷：轉移。

④ 貳：第二次，重複。

⑤ 亡：同「無」。

【譯文】

　　魯哀公問孔子：「你的學生誰是好學的？」孔子回答說：「有一個叫顏回的學生很好學，他不遷怒別人，也不重犯同樣的過錯，不幸他短命死了。現在沒有了，我再也沒聽說有好學的學生。」

【講解】

　　「不遷怒，不貳過」，看起來簡單，實際上做起來很難，而顏回做到了，所以孔子給他很高的評價。

青少年朋友們，你們有沒有做過這樣的事情：

爸爸批評完你出門了，你氣不過，就對媽媽發脾氣，或摔東西？

你考試沒考好，心裡難受，就賭氣不吃飯，或找同學出氣？

與幾個夥伴一同做一件事，沒做好，大家心裡都不好受，本來你也有責任，你卻只指責別人？

這都是遷怒，都是不對的。爸爸批評得對，你就認真接受；批評得不對，你就跟爸爸說明情況，而不應傷害媽媽、損害東西。考試沒考好，就認真檢討沒考好的原因，並努力改正，而不應拿吃飯賭氣、拿同學出氣。與夥伴沒把事情做好，你首先要檢討你的失誤，然後再與夥伴尋找其他原因，這樣既維護了團結，又能把以後的事做好。

後兩個例子就涉及到「不貳過」。誰都會犯錯，但為什麼有的人常犯錯，而有的人很少犯錯呢？有句話說得好：「聰明人不是不犯錯，而是不犯同樣的錯。」因為他們在第一次犯錯以後，就認真找出原因，並在以後做同樣的事時竭力避免，自然就不會犯同樣的錯了。

請青少年朋友注意的是，在「孔子談學習」篇中，我們看到了好幾種「好學」的情況，這次我們又看到了另一種情況：孔子在評價顏回「好學」時，沒有說他學到的知識有多深、掌握的技能有多好，而是說他做人的修養有多高。孔子教學生，既教知識，也教技能，但更教如何做人。學習做人學得好，既不是表現在口頭上，也不是表現在紙張上，而是體現在行動中 —— 這是最重要的一種「好學」。

【範例】

青少年朋友，我們先說一個「不貳過」的故事。

魯迅十三歲時，家裡發生了一件不幸的事情：他的祖父因科場案被逮捕入獄。父親又長期患病，致使家裡越來越窮，他只好經常拿家裡值錢的東西到當舖典當，然後再用得到的錢到藥舖幫父親買藥。

有一天，為救治病情加重的父親，魯迅一大早就去當舖和藥舖，到學堂時老師已經開始上課了。老師看他遲到了，便生氣地說：「十幾歲的學生，還睡懶覺？下次再這樣，就別來上課了！」

魯迅聽了，朝老師鞠了一躬，沒有為自己做任何辯解，低著頭默默回到自己的座位上。

第二天，他早早來到學堂，在書桌右上角用刀子刻了一個「早」字（魯迅用的書桌是從自家帶來的），心裡暗暗地許下諾言：以後一定要早起，不能再遲到了！

之後，父親的病更重了，魯迅更頻繁地到當舖去典當東西，然後再到藥舖去買藥，家裡很多工作也都落在他的肩上。

每天天還沒亮，他就早早起床，料理好家裡的事情後，趕緊再到當舖和藥舖，然後又急急忙忙地跑到私塾去上課，可是他再也沒有遲到過。

下面要說的這個故事雖與「不遷怒」不很貼切，但主角的雅量也很讓我們欽佩。

東漢時，有個大臣叫劉寬，真是人如其名：寬宏大量。他不僅在外面與人相處時頗具雅量，在家裡對待家人也很有涵養。他的妻子雖然對丈夫的性格深為瞭解，但還是想找個機會惹他生氣，試試他的度量到底有多大。

這天早晨起來，劉寬正準備去朝見皇帝。他將刷洗一新的官服、官帽整整齊齊地穿戴好，正要出門，妻子勸他喝了肉湯再走，便走到外面如此這般吩咐了丫鬟一番。一會兒工夫，丫鬟把一碗剛煨好的肉湯用托盤端進來。正當劉寬伸手去

接時，丫鬟有意將托盤一傾，一碗油膩膩的肉湯全灑在劉寬剛穿好的官服上。丫鬟連忙跪地求饒，劉妻則在一旁察顏觀色。她們本以為劉寬一定會大發雷霆。誰知劉寬不但沒有發火，還輕聲細語地問丫鬟：「妳的手沒有燙傷吧？」這一回，劉妻算是徹底服了丈夫的度量。

閱讀筆記

13、人而無信，不知其可也

【出處】

子曰：「人而無信，不知其可也。大車無輗，小車無軏，其何以行之哉？」

—— 為政篇第二

【注釋】

① 輗（ㄋㄧˊ）：大車轅端與橫木相接的關鍵。

② 軏（ㄩㄝˋ）：小車轅端與橫木相接的關鍵。沒有輗和軏，無法套住牲口，車就不能行走。

【譯文】

孔子說：「身為一個人，卻不講信用，我不知道他怎麼可以做人！這就像大車上缺少輗，小車上缺少軏，這車怎麼走呢？」

【講解】

青少年朋友們，守信是一種非常重要、非常可敬的品德，你們從小就要樹立這樣的品德。與人說話時一定要事先想清楚：能做到的才說，做不到的就不要說。特別是，說了就一定要做到，這樣你們才能受到人們的信任和尊敬。

你們做錯了事，受到老師、父母的批評，你們認錯了，表態或寫保證書說一定改。但以後又犯同樣的錯誤，就難以讓老師、父母信任你們、喜歡你們。當然，你們還小，老師、父母會原諒你們、教育你們，但你們自己要嚴格要求自

己。

　　隨著年齡的增長，你們會越來越體會到守信的重要性。一個不守信用的人，人們不會與他交往，不會與他共事，不會聘用他，不會與他做生意 —— 他怎麼立身處世啊！這就是孔子所說的「不知其可也」。

【範例】
　　有一天，曾參的妻子要到市集上買東西，小兒子哭鬧著要跟去。曾妻哄勸道：「好兒子，你別哭，你在家裡等著，媽媽回來殺豬燉肉給你吃。」兒子聽了，便不再糾纏母親了。

　　曾妻回來時，看見曾參正拿著繩子在捆綁豬，旁邊還放著一把雪亮的尖刀 —— 他正準備殺豬呢！曾妻一見慌了，趕忙制止說：「我剛才是和孩子說著玩的，你怎麼當真了？」曾參鄭重地對妻子說：「妳要知道孩子是欺騙不得的。孩子小，什麼都不懂，只會學父母的樣子、聽父母的教育。今天妳要是這樣欺騙孩子，就等於教他說假話、騙別人。再說，今天妳若這樣欺騙孩子，孩子覺得母親的話不可靠，以後妳再說什麼話，他都不會相信了，屆時再對孩子進行教育也就困難了。妳說這豬該不該殺呀？」

　　曾妻聽了丈夫這番話，後悔自己不該哄騙孩子。既然答應殺豬給孩子吃，就該說到做到，取信於孩子。於是她和丈夫一起動手殺豬，為孩子燒了一鍋香噴噴的豬肉。兒子一邊吃肉，一邊向父母投以歡喜和信任的目光。

　　父母的言行直接影響了孩子。一天晚上，曾子的兒子剛躺下又突然起來，從枕頭下拿起一把書簡就向外跑。曾子問他出去做什麼？孩子說：「這是我從朋友那裡借來的書簡，說好了今天還。剛才我忘了，現在馬上去。不能言而無信啊！」曾子笑著把兒子送出家門。

14、見賢思齊焉，見不賢而內自省也

【出處】

　　子曰：「見賢思齊焉，見不賢而內自省也。」—— 里仁篇第四

【注釋】

① 賢：賢人。

② 齊：等同，相等，向……看齊，與……等同。

③ 省（ㄒㄧㄥˇ）：反省，反思。

【譯文】

　　孔子說：「看見品德好的人，就要想著向他看齊；看見品德不好的人，就要反省一下自己是否有和他一樣的缺點。」

【講解】

　　青少年朋友們，你們都想成為好孩子，但如何成為好孩子呢？除了接受老師、父母的教育和向書本學習做人的道理外，你們還要注意向周圍的人學習。

　　若發現品德好的人，你們就要跟人家學習，就要把人家的優點學到手。不只跟一個品德好的人學習，而是向所有你接觸到的品德好的人學習，這樣你學到的優點就會越來越多。

　　若發現品德差的人，你們就要反省一下：他的缺點，是不是你們身上也有；若有的話，就趕緊改正。每接觸一個品德差的人，就反省一番，就改正一些缺

點，這樣你們身上的缺點就會越來越少。

久而久之，你們就會成為品德好的人。

在學習做人方面要這樣，在學習功課方面也應如此。發現甲同學國文學得好，乙同學數學學得好，丙同學英文學得好，就要向人家學習。不但學人家的學習方法，還要學人家的學習精神。這樣你們的學業成績就會不斷提高，趕上甚至超越他們。

品德好、學習佳的孩子，就是品學兼優的孩子，就是好孩子。

孔子的這句話，請你們結合我們前面說過的「三人行，必有我師焉。擇其善者而從之，其不善者而改之」進行理解。

【範例】

顏回以能跟著老師孔子學習為最大的快樂。為了學習，他過著「一簞食，一瓢飲，在陋巷」（一籃子乾糧，一瓢水，住在破陋的巷子裡）的生活。一般人都認為苦不堪言，顏回卻毫不在意，以苦為樂。顏回認為，如果不能像孔子那樣，即使過著榮華富貴的生活，也不會感到快樂。這種快樂是內在精神世界的真正愉悅，是任何外在的物質享受都不能比擬的。

不過，顏回也有一份苦惱，那就是：無論自己怎麼努力，也趕不上孔子學識、品行和修養的卓越。這就是後來有人說的「顏苦孔三卓也」。

由於顏回有這樣的上進心，加上勤學苦讀，他的知識和修養都達到了很高的境界，成為孔子最優秀的弟子。

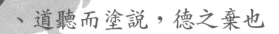

15、道聽而塗説，德之棄也

【出處】

　　子曰：「道聽而塗説，德之棄也。」　　——　陽貨篇第十七

【注釋】

① 塗：通「途」。

【譯文】

　　孔子說：「在路上聽到的話又在路上傳播出去，這是有道德的人所鄙棄的行為。」

【講解】

　　「在路上聽到的話又在路上傳播出去」，這是形象的說法，實際上的意思是「隨便聽來的話又隨便傳出去」。

　　隨便聽來的話，一則我們不知道所說的事情是否真實，如果所說的事情不真實，那麼這些話就是謠言，我們若傳播，就是散佈謠言；二則我們不知道說這些話的人出於什麼動機，如果他們是在損害別人的名譽，而我們又傳播他們的話，就是在幫著他們損害別人的名譽。

　　以上的做法都是違反道德的，我們絕不能這樣做。

　　我們時時刻刻都會聽到別人說這樣的話、說那樣的話，聽到就聽到了，可以增長我們的見聞，但在弄清是不是真實、是不是有損他人之前，我們千萬不要隨

便傳播。

【範例】

　　據《呂氏春秋‧察傳》記載：宋國有個姓丁的人家，離井很遠，家裡每天用的水，必須由一個人負責不斷地到井邊挑水，有時還忙不過來。後來，他們在自家屋旁打了一口井。不料這件事傳出去後，經過一些人的添油加醋，竟傳成了「丁家打井，從井裡挖出一個人來！」而且一傳十，十傳百，越傳越遠，越傳越離譜。宋國國君竟然也聽到了這個奇聞，便派人到丁家查問，才弄清了真相。

　　明朝屠本畯編著的笑話集《艾子外語》中也有一個「道聽塗說」的故事。艾子從楚國回到齊國的國都。剛進城，便遇到愛說空話的老空。艾子問道：「老空，最近有什麼新聞嗎？」老空說：「有，有。有一戶人家的一隻鴨子，一次生了100個鴨蛋。」艾子不信：「哪有這種的事！」老空說：「那麼是兩隻鴨子生的。」艾子搖頭：「也不可能！」老空又說：「大概是三隻鴨子生的。」老空就這樣一次次地把鴨子的數目一直加到10隻。艾子笑道：「你把鴨蛋的數目減少一些不行嗎？」老空又說：「我寧可增加鴨子，也不能減少我已經說出的鴨蛋的數目。」艾子只好付之一笑。老空接著又說：「還有一件新聞，上個月，天上掉下來一塊肉，有30丈長、10丈寬。」艾子不信；「哪有這種事！」老空又說：「那麼是20丈長。」艾子搖頭：「也不可能。」老空又說：「大概是10丈。」艾子實在忍不住了，問道：「世界上哪有10丈長、10丈寬的大肉，而且還是從天上掉下來的，你見過嗎？剛才你說的鴨子是哪一家的？現在你說的肉又掉在什麼地方？」老空無法回答，只好支支吾吾地說：「我是在路上聽人家這麼說的。」艾子轉身對同行的學生們說：「你們可不要像他這樣『道聽塗說』啊！」

16、毋意，毋必，毋固，毋我

【出處】

　　子絕四：毋意，毋必，毋固，毋我。　　　　—— 述而篇第七

【注釋】

① 毋：不。

② 意：同「臆」，猜測。

③ 必：一定，必定。

④ 固：固守己見。

⑤ 我：這裡指自以為是。

【譯文】

　　孔子杜絕四種毛病：不主觀臆測，不絕對肯定，不固執己見，不自我主義。

【講解】

　　孔子對弟子既有言教，又有身教，他的這四種做法也非常值得我們學習：

　　一、不主觀臆測：因為主觀臆測既是對事實的不尊重，也是對自己的不尊重（你猜的跟實際情況不一樣，豈不招來恥笑），所以在知道實際情況以前，不要逞能地隨便猜測。

　　二、不絕對肯定：世界上極少有絕對的事，所以不要把話說得太滿，而要給自己留點餘地。

三、不固執己見：別人對你的觀點提出意見，如果提得對，你就要虛心接受；如果提得不對，你要好好跟人家解釋，盡量說服對方。不能自以為正確，就拒絕聽取別人的意見。

四、不自我主義：說話、做事，既要考慮到自己，也要考慮到別人；不能光考慮自己，而不考慮別人。

【範例】

西漢初年，班超擔任西域都護使。他在漠北任職30多年，威懾西域諸國。在他任期內，西域各族不敢輕舉妄動，因此漢朝西北部邊疆及西域地區一直保持著和平、安寧的狀況。朝廷為嘉獎他的功勞，特封他為定遠侯。

班超六十多歲時，感覺自己年老體衰，已不能勝任此職，便上表請辭。皇帝念其勞苦功高，便批准了他的請求，讓任尚接替他的職務。

任尚前往班超處拜訪，問道：「我要上任去了，請您教我一些統治西域的方法。」

班超打量了任尚一番，說道：「看你的樣子，估計你是個刻板性子的人，做事可能一板一眼。我有幾句話奉勸你：當水太清時，大魚就沒有地方躲藏，牠們也就不敢住下來；同樣，為政之道也不能太嚴厲、太挑剔，否則就不容易成功。對西域各國未開化的民族，不能太認真，做事要有彈性。大事化小、繁事化簡才是。」

任尚聽了，十分失望。雖口頭上表示贊成，內心卻不服：「我本以為班超是個了不起的人物，肯定有許多高招教我，卻只說了些無關痛癢、無足輕重的話，真是徒有虛名。」

任尚把班超的忠告當成了耳邊風，他到達西域後，嚴刑厲法，一意孤行。結

果沒過多久，西域人便起兵鬧事，該地從此失去了和平，又陷於頻繁的交戰狀態。

出現這樣的結果，任尚想必是非常後悔的。但是，大亂已釀成，後悔已無濟於事了。

班超管理西域數十年，他的成功經驗當然是寶貴的。任尚剛剛走馬上任，毫無經驗，應該認真學習才對。可惜的是，任尚自以為是，不但沒聽從班超的正確意見，還反其道而行之。因此，他後來鑄成大錯，也是必然的事了。

 閱讀筆記

17、仁者先難而後獲，可謂仁矣

【出處】

樊遲問仁。子曰：「仁者先難而後獲，可謂仁矣。」

—— 雍也篇第六

【注釋】

① 仁者：想得到仁的人。

② 難：經歷艱難，克服艱難。

【譯文】

樊遲問怎樣才能得到仁。孔子說：「想得到仁的人，在克服了許多艱難之後終於得到了仁，可以說這才是『仁』啊！」

【講解】

青少年朋友，我們這一篇就要結束了。讀完這篇，你們會說：做人真難啊！

你們有這種感受是對的：做人是最重要的事，也是最難的事。

從本篇開頭一句看，仁來得很容易：「我欲仁，斯仁至矣。」而要真正守住它卻很難，像我們以上所說的，會遇到種種誤解、種種打擊、種種誘惑及其他許多意想不到的困難。但只有在克服了諸多艱難後守住的仁，才是真正的仁。這是其一。

其二，你們現在所學到的仁，還沒有烙印在你們的心裡，還沒有化成你們身

上的東西。只有隨著你們年齡的增長，你們在人生的歷練中真正理解了它、感悟了它、信奉了它，它才能真正成為你們生命中的一部分，但這是一個艱難的過程。

別人給的，或從商店買來的蘋果，雖然也甜，但不是真正的甜；只有自己用辛勞、用汗水培育出來的蘋果，才能讓你真正嚐到甜的滋味。

你們想要做有價值的人，有益於社會的人，你們就要做有道德的人，以愛心、以善意對待社會的人。而要做這樣的人，你們就要經歷許多艱難、承受許多考驗。

希望你們都能做好心理準備，都能經得起考驗。

做這樣的人既是艱難的，但也是幸福的，因為做這樣的人，既能使自己的人生價值得到實現，也能得到他人和社會的尊敬。

其實，做以冷漠，或以壞心、以惡意對待社會的人也很難，而且他們絕對享受不到這種幸福（在這種事上我敢說絕對的話）。

既然做人很難，做什麼樣的人都很難，那就讓我們欣然接受吧！

【範例】

西漢時，中郎將蘇武受漢武帝派遣，帶著和平的使命，手持漢朝的符節（即代表朝廷出使的符信），率領副手張勝、常惠及數百個衛兵，出使匈奴。當時，雙方剛經過了一場經年累月的戰爭，處於或戰或和的抉擇狀態。由此可知，蘇武的使命是非比尋常的。到匈奴後，他不以個人利益為懷，凡事都從有利於漢朝的立場出發，小心謹慎，卻想不到他的副手張勝急功近利，捲入了一場企圖刺殺原為漢朝使節而此時已投降匈奴者 —— 衛律的預謀中，事未辦成，風聲卻先走漏了，於是，衛律和匈奴單于（匈奴的最高首領）就將兩種選擇擺在蘇武他們面

前：或投降，或被囚遭殺。蘇武一聞「投降」二字，就大義凜然地對在場的所有人說：「身為堂堂大國的使者，卻像犯人一樣被人審問，這不是給朝廷丟臉嗎？我已經有辱使命，倘再喪失氣節，即使活了下去，又有何顏面再去見人呢？」然後就拔刀往自己的脖子上自刎，當即昏死過去，渾身是血。後經搶救，雖甦醒過來，蘇武的脖子卻已受了重傷，而惹出事端的張勝卻在匈奴人的刀口下屈膝投降了。

對於蘇武的氣節，連匈奴單于也感到欽佩，因而就更想將他收為己有。於是，衛律奉主子之命，一而再、再而三地勸降蘇武。軟硬兼施的伎倆都用完了，得到的只是蘇武的蔑視和責罵。單于無奈，只得將蘇武關在地窖裡，不供糧也不供水，想迫使蘇武就範。蘇武卻憑著氣節與毅力，用雪和著氈來解渴充飢，頑強地活了下來。單于又派人將他流放到北海（今西伯利亞的貝加爾湖），讓他放牧公羊，並說到了公羊生出小羊後，才准他歸漢。在那裡，蘇武只能以田鼠、野菜充飢，他對種種磨難都不以為意，唯獨忘不了自己身為使者的使命，忘不了自己手持的符節。他白天手持符節放羊，晚上則抱著符節睡覺，久而久之，符節上的穗子全脫落掉了，他依然把那根只剩下杆子的符節視如命根。十幾年就這樣過去了，單于又派漢朝降將李陵去北海勸說蘇武投降。李陵先以蘇武在此荒蕪人煙之處受罪，卻無人知曉來勸說他不如歸順匈奴，以享榮華富貴；再告之以蘇武出使被扣後，蘇武的兄弟被迫自殺、妻子改嫁和女兒下落不明的悲慘遭遇，欲斷蘇武的歸漢之心。但蘇武的回答依然是斬釘截鐵的：「我生為漢朝之臣，不能對不起自己的祖宗和父母之邦，你不用再費口舌了。」毫不客氣地將李陵回絕，絕不以氣節做為交易的籌碼，絕不以氣節來換取榮華富貴。

19年過去了，因匈奴發生內亂，匈奴新單于急於向漢朝求和，蘇武、常惠等人歷盡坎坷，終於回到了漢朝。此時的蘇武，鬍鬚頭髮全都白了，手裡還拿著那

根光杆子的符節向漢昭帝覆命。凡知道此事者，無不為之感動，直誇蘇武是個真正的大丈夫。

閱讀筆記

孔子談知人

青少年朋友，我們不但自己要好好做人，還要好好瞭解別人是怎樣做人的，即要「知人」。

如果不「知人」，就會產生許多危害：

1、容易使自己誤解、委屈乃至傷害別人。

2、容易使自己錯過該學習、該結交的人，進而失去學習和提升的機會。

3、容易使自己交上氣質低俗、道德敗壞的人，進而受到他們的感染。

4、容易使自己受到壞人的欺騙、迷惑和坑害。

可見，「知人」是何等重要。本篇就介紹一些如何知人的知識和方法。

1、不患人之不己知，患不知人也

【出處】

　　子曰：「不患人之不己知，患不知人也。」　—— 學而篇第一

【注釋】

① 患：憂慮，擔心。

② 不己知：倒裝句，意同「不知己」。

【譯文】

　　孔子說：「不要擔心別人不瞭解自己，要擔心自己不瞭解別人。」

【講解】

　　青少年朋友，本書開頭列出的三句話是「學而時習之，不亦說乎」、「有朋自遠方來，不亦樂乎」和「人不知而不慍，不亦君子乎」。這三句話都很重要，我們已在「孔子談學習」篇中講解了第一句，將在「孔子談交友」 篇中講解第二句，現在我們結合「不患人之不己知，患不知人也」講解第三句，即「人不知而不慍，不亦君子乎」。

　　不被人瞭解是很正常的事，被人誤解也是很經常的事，隨著年齡的增長，這種事你們會經歷得越來越多，所以你們從現在就要學會以平常心對待。

　　只有你有品德、有才智，終有一天你的品德會得到尊敬，你的才智會得到施展。但關鍵是你要一直努力，不能因為一時不被人瞭解而怠惰起來。

我們這個社會給人提供的機會越來越多，另外你也可以給自己創造機會。

在不被人瞭解，甚至被人誤解的情況下仍能潔身自好、自強不息的人，才是最可尊敬的人，或如孔子所說的「君子」。

一個品德高尚的人，自己受些誤解、受些委屈倒無所謂，但要力求不誤解、不委屈別人，所以要多用心瞭解別人，即知人。

不知人的危害很多，除了會誤解、委屈乃至傷害別人外，還有以下幾點：

1、有可能使你錯過該學習、該請教的人，使你失去學習和升高的機會。

2、有可能使你交上氣質低俗、道德敗壞的人，使你受到他們的感染。

3、有可能使你受到壞人的欺騙、迷惑和坑害。

可見，「知人」是很重要的，本篇就是向你介紹一些關於「知人」的知識和方法。

【範例】

孔子周遊列國的時候，曾被陳、蔡兩國派來的人圍困在兩國間的荒野上，不但沒飯吃，連野菜湯也沒得喝。他連續七天都沒吃到一點飯，餓得實在難受，只好大白天也躺著看書。顏回看了心疼，就跑到鄰近一戶人家討來一點米煮飯。飯快要做好時，孔子瞥見顏回從鍋裡抓起一把飯就送進嘴裡，他裝作沒看見，繼續讀自己的書。

一會兒工夫，飯做好了。顏回盛好飯，端來請孔子食用。孔子站起來，謊說：「我剛才打了個盹，夢見了我死去的父親，這飯如果潔淨，我想用來祭奠他。」

顏回忙說：「不行。剛才不巧有煙灰落入鍋裡，我把它抓了出來，覺得扔了可惜，便自己吃了，這飯不乾淨。」

聽到這話，孔子感嘆地說：「我所相信的這雙眼睛，原來不可以完全信賴；我所依靠的這顆心，原來也不完全可靠。」他為冤枉了顏回而感到十分難過，於是對弟子們說：「你們要記住，要真正瞭解一個人不容易啊！」

閱讀筆記

2、巧言令色，鮮矣仁

【出處】

　　子曰：「巧言令色，鮮矣仁。」　　　　　　　　—— 學而篇第一

【注釋】

① 令色：偽善的面貌。令，美好。

【譯文】

　　孔子說：「總愛說花言巧語，總愛裝出可親可愛的樣子，這樣的人沒幾個好人。」

【講解】

　　青少年朋友，真正的好人是不用偽裝的，因為他們本身就好，何必偽裝呢？

　　恰恰是不好的人才需要用花言巧語和可親可愛的樣子偽裝自己。

　　他們偽裝自己的目的大概有：討好人、迷惑人、坑騙人。

　　巴結上司的人最善於甜言蜜語、奴顏婢膝，以達到討好人的目的。

　　拐騙小孩的人最善於說動聽的話、裝可親的樣子，以達到迷惑人的目的。

　　兜售假冒偽劣產品的小商販最善於跟人說巧話、套交情，以達到坑騙人的目的。

　　我們經常遇到巧言令色的人，雖然往往不像我們以上所列舉的幾種典型，或討好人、迷惑人、坑騙人的程度不像以上幾種人嚴重，但其性質是一樣的。

雖說巧言令色的人不太有好人，但有些年齡小的人，為了得到別人的喜愛而說些乖巧的話、做些可愛的舉動，他們並沒有什麼惡意。不過，我還是奉勸他們盡量不要這樣做，以免養成壞習慣。

【範例】

唐高宗時期的宰相李義府，平時總是一副溫和、恭順的樣子，與人說話總是面帶笑容，給以春風拂面的感覺。

且莫被他這副假象所蒙蔽，其實他是個心狠手辣、殺人不見血的傢伙。顯慶元年（西元656年），他看中了美若天仙的女犯淳于氏，欲將她納為小妾，於是，便逼迫大理丞畢正義枉法將其釋放。後來，風聲走漏，高宗派人審問此事，李義府為了自保其身，竟然又強行逼迫畢正義自殺以滅口。他利用職權，不斷打擊、排擠那些與己不合或於己不利的大臣、官員。他與許敬宗狼狽為奸，先後陷害了褚遂良、韓瑗、來濟、長孫無忌等元老重臣，使這些常以憂國清政、維護朝綱為己任的正直人士接連死於非命。

當時朝野人士都對他心存畏懼，私底下都說他是「笑中刀」。今日人們所用的「笑裡藏刀」這個成語，就是由此而來。

閱讀筆記

116

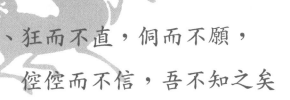

3、狂而不直，侗而不願，
倥倥而不信，吾不知之矣

【出處】

　　子曰：「狂而不直，侗而不願，倥倥而不信，吾不知之矣。」

　　　　　　　　　　　　　　　　　　　　── 述而篇第七

【注釋】

① 狂：狂妄。

② 侗（ㄊㄨㄥˋ）：幼稚無知。

③ 願：謹慎，老實。

④ 倥倥（ㄎㄨㄥ）：平庸無能的樣子。

【譯文】

　　孔子說：「狂妄而不正直，幼稚而不老實，平庸無能又不誠實，我真不知道這種人怎麼會這樣呀！」

【講解】

　　狂妄、幼稚、平庸無能，本來就是缺點，但如果狂妄而正直，敢說敢做，敢作敢當；如果幼稚而老實，願意受人指教；如果平庸無能而誠實，讓人信任，那麼還有可取之處，還值得交往或調教。

　　可是，如果狂妄而不正直，就會強詞奪理，硬把責任推到別人身上；如果幼

稚而不老實，就會老是擅自做荒唐的事；如果平庸無能又不誠實，就會愛耍小心眼、愛搞小動作 —— 這樣的人，連孔子這麼高明的老師都無可奈何了。

遇到這種人，我們最好敬而遠之；否則，會被他們害苦嘍！

【範例】

我們先說一個大家都熟悉的故事，即成語「自相矛盾」的故事。這個故事來自《韓非子》，說的是楚國有一個人拿著矛和盾在大街上兜售。他舉著自己的矛說：「我的矛非常鋒利，任何東西都能夠刺穿。」過了一會兒，他又舉著自己的盾說：「我的盾非常堅固，任何東西都刺不穿它。」旁邊有人說：「何不拿你的矛刺你的盾，看看會怎麼樣？」一句話把這個人問愣了，呆立著說不出話來。

之所以舉這個例子，是因為這個人太典型了，集「狂而不直，侗而不願，悾悾而不信」於一身。

我們再說一個大家不太熟悉的故事。宋朝年間，歐陽修因鼎力支持范仲淹改革，得罪權奸。後來改革失敗，歐陽修被貶到滁州任職。

滁州當地有個富家子弟，因會吟誦幾句古詩，便以「詩才」自居，別人稱他「詩秀才」。詩秀才聽說歐陽修文才很高，頗不服氣，一心想跟歐陽修比試比試。

這天，詩秀才聽說歐陽修遊山，便趕忙夾了幾本舊唐詩，來尋歐陽修。走到半路，他看見一株枇杷樹，長得十分古怪，不禁詩興大發，吟誦道：「路旁一古樹，呈現兩分枝。」詩秀才本來肚筍甚窄，剛唸完兩句，就再也續不下去了。恰巧，歐陽修從這裡經過，聽到他的前兩句，便接著道：「未結黃金果，先開白玉花。」詩秀才聽了，說道：「你這兩句續得還不賴，堪堪可以相配。」歐陽修聽了，只是頷首而笑。

於是，二人結伴同行。一會兒工夫，走到一條河邊，看見一群白鵝正在水中

嬉戲，詩秀才又「詩興大發」，吟誦道：「遠看一群鵝，一棒打下河。」吟罷，又接不下去了，看著白鵝乾瞪眼。又是歐陽修從旁接道：「白翼浮清水，紅掌踏綠波。」詩秀才道：「呵，老兄，看來你還真有兩下子。等一會兒，我找到歐陽修比試時，你可要為我助威呀！」

　　兩人順著小河來到渡口，登上一艘小船。詩秀才站在船上，環望水光山色，感覺自己就如詩仙下凡一般。他轉頭對歐陽修說：「老兄，你我詩才都很了得，這回若把歐陽修壓倒，你我可就成了當今李杜了。」說罷，又搖頭晃腦地吟道：「詩人同登舟，去訪歐陽修。」歐陽修聽罷，哈哈大笑，先指著詩秀才吟道「修已知你」，又指著自己吟道「你卻不知修（羞）！」

　　詩秀才聽罷，才明白眼前此人正是歐陽修。

　　青少年朋友，這個詩秀才是不是很可笑？聽他謅的幾句詩，簡直跟大白話沒兩樣，可見他的詩才很一般。他若真想學詩，就該謙虛地向人求教，而他卻自不量力地要跟歐陽修比試，真是「侗而不愿」。

閱讀筆記

4、不知言，無以知人也

【出處】

　　子曰：「不知命，無以爲君子也；不知禮，無以立也；不知言，無以知人也。」

　　　　　　　　　　　　　　　　　　　　—— 堯曰篇第二十

【譯文】

　　孔子說：「不懂天命，不能成為君子；不懂禮節，不能立身處世；不懂分辨言語，不能瞭解別人。」

【講解】

　　我們不能因為一個人說話好聽就認為他是個好人，因為一個人說話難聽就認為他是個壞人；不能因為一個人說話豪壯就認為他是個能幹的人，因為一個人說話遲鈍就認為他是個愚笨的人；不能因為一個人說話圓滑就認為他說的是實話，因為一個人說話矛盾就認為他說的是假話……我們要好好動腦筋，分析他的話是好話還是歹話，是真話還是假話，是實話還是空話……以確定他是個什麼樣的人，然後採取適當的方式對待他。

　　如果我們不好好分析，就有可能不分好歹，混淆忠奸，顛倒真假。

　　如果我們一時分辨不出，我們就不要急著下結論，而先採取慎重的態度對待他。

　　我們可以透過他說的更多的話進一步分析他、瞭解他。

　　另外，「不知言，無以知人」 並不是說言語是瞭解一個人的唯一方式，而

120

是指基本方式、初步方式。如果我們不能透過一個人的言語確定他是個什麼樣的人，我們還可以從其他方面瞭解他，最重要的就是看他的行動。

【範例】

藺相如曾是趙國宦官繆賢的一名舍人（在達官貴族家做事的人），有一次，繆賢犯了罪，打算逃往燕國躲避。藺相如問他：「您為什麼選擇燕國呢？」繆賢說：「我曾跟隨國王在邊境與燕王相會，燕王私底下握著我的手，表示願意和我結為朋友。所以我想燕王一定會接納我。」藺相如勸阻說：「我看未必啊！趙國比燕國強大，您當時又是趙王的紅人，所以燕王才願意和您結交。如今您在趙國犯了罪，逃往燕國是為了躲避處罰。燕國懼怕趙國，肯定不敢收留，甚至會把您抓起來送回趙國。您不如向趙王請罪，也許有幸獲免。」繆賢覺得有理，就去向趙王請罪，果然得到了趙王的赦免。

藺相如真是一個知言而知人的人。而繆賢則是一個不知言而不知人的人，他如果不聽藺相如的話而投奔了燕國，其結果真的不堪設想！

閱讀筆記

5、聽其言而觀其行

（【出處】、【注釋】和【譯文】請見「孔子談學習」篇「朽木不可雕」部分。）

【講解】

看其行動的結果無非有三種：

1、他所說的跟他所做的一樣。

2、他所做的不如他所說的好。

3、他所做的比他所說的好。

屬於第一、第三種情況的人很少，大多數人都屬於第二種情況，所以我們不要根據一個人所說的評判他，而要多看他的行動，並且主要以他的行動為準。

還不能根據一個人所做的幾件事、一時所做的事評判他，而要看他所做的多件事、長時間所做的事。

如何看一個人所做的事也是有章法的，下面我們還會談到。

【範例】

戰國時候，有個齊國人娶了一妻一妾。他常對她們說：「我在外面交了很多有錢有勢的朋友，他們經常請我吃吃喝喝。」妻妾聽了很高興，而且也確實看到丈夫每次外出都是酒足飯飽地回來。但交朋友應該有來有往，可是她們的丈夫總是被朋友請去吃吃喝喝，怎麼從不見他請朋友到家裡來做客呢？

於是，妻子對妾說：「妹子，我想跟蹤相公，看看他到底跟什麼人在一

起。」

　　妾說：「我也覺得奇怪，是得弄個明白。」

　　這天一大早，丈夫又出門了。他前腳剛走，妻子就不聲不響地在後面跟上。丈夫穿梭於鬧市的人群之間，妻子注意到，沒有一個人搭理丈夫。「他的朋友在哪兒呢？」納悶時，她不知不覺隨丈夫出了城，來到一個墓地。墓地裡正有人帶著酒菜祭拜死去的親人，驚人的一幕出現了，她見丈夫低三下四地走到掃墓人面前，向人家乞討祭墳用過的飯菜。他狼吞虎嚥地吃完一家，然後又四處張望地去乞討另一家。「原來他就是這樣吃飽喝足的呀！」妻子頓時流下了傷心的眼淚，掩面就往家裡跑。

　　一跑到家，她就摟著妾痛哭起來，說：「丈夫是我們終身依靠的人，可是他竟做出這樣的事⋯⋯」妾也抱著妻大哭起來，兩人一邊哭一邊咒罵她們的丈夫。

　　過了一會兒，丈夫又像往常一樣大搖大擺、神氣十足地回來了，且在妻妾面前吹噓起自己來。

 閱讀筆記

6、視其所以，觀其所由，察其所安

【出處】

　　子曰：「視其所以，觀其所由，察其所安。人焉廋哉？人焉廋哉？」

　　　　　　　　　　　　　　　　　　　　── 為政篇第二

【注釋】

① 所以：所做的事。

② 所由：所走過的道路，所採取的方式。

③ 廋（ㄙㄡˋ）：隱藏，藏匿，隱瞞。

【譯文】

　　孔子說：「要瞭解一個人，一是看他所做的事，二是看他做事的方式和態度，三是觀察他對自己的所作所為是否安心。如此一來，這個人還有什麼能隱藏的呢？還有什麼能隱藏的呢？」

【講解】

　　第一句「視其所以」很好理解：做好事、做正當事的人，是好人、正派人；做壞事、做不正當事的人，是壞人、不正派的人。

　　第二句「觀其所由」：雖然兩個人都做了同一件事，但根據他們分別採取的方式和態度，還是能分出優劣長短。關於方式：甲乙兩個同學都完成了作業，但甲同學是自己完成的，而乙同學是靠抄襲別人完成的，那麼甲同學的做法是正確

的，乙同學的做法則是錯誤的。關於態度：甲乙兩個同學都是自己把作業做完的，但甲同學做得認真，而乙同學做得馬虎，那麼甲同學的態度應該表揚，乙同學的態度應該批評。

第三句「察其所安」：兩個人都做了同一件事，而且從所採取的方式和態度上也區分不出什麼，那麼又該如何評判他們的優劣長短呢？那就看他們對自己的所作所為是否安心。我們先看一種做好事的情況：甲和乙都幫人做事，但都沒幫成，甲對此愧疚不安，而乙蠻不在乎，那麼甲幫人的心是真誠的，而乙則不真誠或不夠真誠。我們再看一種做壞事的情況：甲和乙都靠抄襲別人完成了作業，甲對此惴惴不安，而乙不以為然，那麼甲容易教育好，而乙則不容易教育好。

透過以上三個步驟，我們就能比較透徹地瞭解一個人，他對我們就沒有什麼好隱瞞的了。

【範例】

先說一個「視其所以，觀其所由」的故事。

魯國大夫郈（讀ㄏㄡˋ）成子出使晉國，途經衛國時，衛國大夫右宰穀臣留他宴飲。席間，右宰穀臣陳設樂器卻不讓人演奏，喝得大醉時又拿了一枚璧玉送給郈成子。

可是，郈成子從晉國回來路過衛國時，並沒有向右宰穀臣辭行。他的僕從很納悶，就問他：「先前右宰穀臣款待先生，讓先生十分高興，現在先生為何這麼失禮，過境卻不向右宰穀臣辭行呢？」郈成子解釋道：「他留我宴飲，是要我高興；陳設樂器卻不演奏，是暗示我他有憂患；酒醉後送我璧玉，是把貴重的物品託付給我。從這些跡象來看，恐怕衛國就要出亂子，這時我再去是不明智的。」

郈成子說這些話時，離開衛國還不到30里，就聽到衛大夫甯殖的兒子甯喜被

人攻殺，連右宰穀臣也跟著遭了殃。

再說一個「察其所安」的故事。

齊國攻打宋國，宋派臧孫子去楚國求救。楚王聽了，非常高興，答應救宋。臧孫子回國時卻憂心忡忡，他的車夫問道：「救兵已經求到了，您還憂慮什麼？」臧孫子說：「聽了我們的求救，楚王如果很焦慮，那麼他很有可能會派兵來救我們。而他卻很高興，那他一定是希望我們與齊國相互消耗，他做壁上觀。」

臧孫子回國後，齊國攻佔了宋國的五個城池，楚國的救兵果然一直沒來。

閱讀筆記

7、眾惡之，必察焉；眾好之，必察焉

【出處】

　　子曰：「眾惡之，必察焉；眾好之，必察焉。」

—— 衛靈公篇第十五

【注釋】

① 惡（ㄨˋ）：憎恨，討厭。

② 好（ㄏㄠˋ）：喜愛，稱道，讚揚。

【譯文】

　　孔子說：「大家都厭惡的人，一定要好好考察他；大家都喜歡的人，也一定要好好觀察他。」

【講解】

　　一般來說，眾人都喜歡的一個人，就應該是個好人；眾人都厭惡的一個人，就應該是個壞人，但情況未必如此。

　　如果一個人靠迷惑、欺騙和收買而贏得了大家的歡心，你能說他是個好人嗎？

　　如果一個人因做事認真、堅持原則而得罪了眾人；或者他的想法、做法雖好，但由於得不到理解而引起眾人的不滿，你能說他是個壞人嗎？

　　倒是前面那個眾人都喜歡的人是個壞人，後面這個眾人都厭惡的人是個好

127

人。

所以千萬不要人云亦云，對眾人都喜歡的人和都厭惡的人一定要好好觀察，以得出正確的結論。

既不要輕信任何一個壞人，也不要誤解任何一個好人。

【範例】

齊威王剛即位的時候，政事都交給卿大夫掌管。由於這些卿大夫貪污腐敗，齊國國力日漸衰落，連一些小國也先後入侵，佔領了齊國大片領土。齊威王遂於西元前348年進行改革。改革要得以順利進行，必須做到識才重才，齊威王在這一點上做得不錯。

當時，齊國有兩個地方官員，一個是即墨（今山東平度縣東南）大夫，一個是東阿（今山東陽谷縣東北）大夫。朝中許多大臣都稱讚東阿大夫而詆毀即墨大夫。這兩位大夫到底如何呢？齊威王沒有偏聽偏信，而是派自己的親信到兩地做了實際調查。結果發現，即墨大夫善於治理，他管轄的地區政通人和，他還指揮百姓開墾荒地，使當地獲得了很好的收成。只不過他為人正直，從不巴結行賄，得罪了一些大臣，致使他們到處說他的壞話。相反，東阿大夫主政無能，造成當地民不聊生，田地荒蕪。但他精於奉承，時常給朝中大臣們送禮，使得他們為他大說好話。

齊威王掌握了實情後，立即進行了處理：重賞即墨大夫，嚴懲東阿大夫和那些受賄的人。齊國從此政治清明，國力提升，終於擊敗了趙、衛、魏等國，收復了被侵佔的土地。

8、不如鄉人之善者好之，其不善者惡之

【出處】

　　子貢問曰：「鄉人皆好之，何如？」子曰：「未可也。」「鄉人皆惡之，何如？」子曰：「未可也。不如鄉人之善者好之，其不善者惡之。」

　　　　　　　　　　　　　　　　　　── 子路篇第十三

【注釋】

① 好：喜愛，稱道，讚揚。

② 惡：憎恨，討厭。

【譯文】

　　子貢問孔子說：「鄉里人都稱讚的人怎麼樣？」孔子說：「不一定好。」子貢又問：「鄉里人都厭惡的人怎麼樣？」孔子說：「不一定壞。不如鄉里的好人都稱頌他，而鄉里的壞人都厭惡他。」

【講解】

　　孔子這句「不如鄉人之善者好之，其不善者惡之」雖然是回答子貢的，但與上面那句「眾惡之，必察焉；眾好之，必察焉」緊密相連。

　　對於眾人都喜歡的一個人，或眾人都厭惡的一個人，我們除了不能人云亦云，而應好好觀察這個人外，還要好好觀察「眾人」是群什麼人：如果「眾人」是群壞人，那麼他們所誇讚的這個人就應該是個壞人，他們所厭惡的這個人就應

129

該是個好人。

因為好人和壞人做人的方式截然相反，他們評價人的標準也截然相反。

青少年朋友，以上我只說了「應該」，而沒說「肯定」，因為還涉及到一些複雜的情況。而孔子這句話只是為回答子貢而說的，其實並沒說透。

我舉一個例子：

明朝著名將領袁崇煥以「叛國罪」被處死的時候，滿京城的人都拍手稱快。實際上袁崇煥是被冤枉的，是清軍使的離間計，袁崇煥不但不是個叛國的奸臣，而且是個大大的英雄，但你能說滿京城的人都不是好人嗎？

【範例】

西元前585年，楚國軍隊侵入鄭國。鄭國軍隊抵擋不住，趕忙向晉國求救。

晉景公派欒書率軍前去救援。欒書的軍隊到達鄭國後，很快與楚軍相遇。楚軍見晉軍來勢兇猛，就撤兵回國了。

欒書覺得就此收兵太可惜，便去攻打與楚國結盟的蔡國。蔡國是個小國，非常害怕，便派使者向楚國求救。

楚國本來不想與晉國交戰，現在蔡國來求救，只好答應。於是，派公子申和公子成各帶領自己屬地的軍隊前來救援。

楚軍歸而復返，這可怎麼應付呢？大將趙同和趙括（不是趙國那位「紙上談兵」的趙括）向主帥欒書請戰，欒書同意了他們的請求。正當兩位大將準備領兵去戰楚軍時，欒書的部下知莊子、范文子、韓獻子阻止說：「楚軍退了又來，一定做好了準備。我們去打，如果取勝，只不過是打敗楚國兩個縣的軍隊，不能以此為榮；而如果失敗，那就恥辱極了。如此權衡，不如收兵回國為是。」

欒書聽了，覺得他們三人說得很有道理，就準備撤兵。但他手下的許多將領

都想與楚軍打一仗，見欒書這樣決定，便反對說：「採納多數人的意見，辦事才能成功，您為何不照多數人的意見辦事呢？你是主帥，輔佐您的有十一個人，只有三個人不主張打，可見想打的人佔多數。可是您為什麼偏偏只聽從少數幾個人的意見呢？」

欒書回答說；「我不這樣認為。多數人的意見不一定正確，少數人的意見不一定不對。知莊子他們三位是晉國的賢人，他們所提的意見更有道理，所以我採納他們的意見！」

於是，欒書率軍撤回了晉國。

兩年後，欒書率兵佔領了蔡國後，本想再去攻打楚國。但是這一回，知莊子、范文子、韓獻子等人分析了當時的具體情況後，建議欒書暫停攻打楚國，而去侵襲沈國。欒書覺得他們的建議很好，便去侵襲沈國，結果取得了勝利。

這個事例雖然針對的不是人而是事，但欒書不是聽從大多數人的意見，而是採納少數幾個賢人的意見，這種做法很值得我們借鏡。

 閱讀筆記

9、性相近也，習相遠也

【出處】

　　子曰：「性相近也，習相遠也。」　　　　　——陽貨篇第十七

【譯文】

　　孔子說：「人的本性差不多，只是由於後天養成的習慣不同而使差距拉大了。」

【講解】

　　一個人習慣的養成，主要來自他所處的環境，包括他上學的學校、他待過的幼稚園、他住的地方和他的家庭，其中最重要的是他的家庭。

　　「橘生江南為橘，生江北則為枳」，同一種水果，生在江南為橘子，生在江北則為枳子，味道會大不一樣；同樣，一個人生長在這個環境中會是這樣，生長在那個環境中會是另一種樣子，性情也會大有不同。

　　所以，想要瞭解一個人，除了聽他所說的話，看他所做的事，參考別人對他的看法和評價外，還需瞭解他所處的環境。

　　我就有這樣的體會：上高中時，由於與同學天天在一起，加上課業繁重，所以我很少到同學家去。本以為在一起共處三年，我對我的同學已很瞭解了，但畢業後，再去找他們時，當然就只能到他們家去。正是由於去了他們家，我才從一個新的角度重新認識了他們。

　　青少年朋友，雖然以上我們介紹了不少關於「知人」的知識和方法，但最後

我要跟你們說的是：「知人」是件很困難的事。但由於我們天天生活在人群中，時時刻刻與人打交道，所以我們要努力掌握這門本領。

【範例】

范蠡幫助越王勾踐滅掉吳國後，就到陶（今山東定陶西北）地隱居，人稱陶朱公（朱公為范蠡別號），透過經商發了財。

他的二兒子在楚國殺了人，被楚人送進牢裡。陶朱公說：「殺人者償命，這是天經地義的事，但我聽說富家子弟不應在大庭廣眾下被處決。」

於是，他準備好1000兩黃金，欲派小兒子前往探視。大兒子聽說後，請求派他去，陶朱公不答應。大兒子認為父親不派長子而派小兒子，分明是瞧不起自己，要自殺。

母親也竭力為大兒子說情，陶朱公不得已，只好答應了大兒子。臨行前，陶朱公讓大兒子帶上一封他寫給老朋友莊生的信，並囑咐大兒子說：「到楚國以後，你就把這封信和1000兩黃金送給莊生，這些黃金隨他處置，千萬不要和他爭執。」

朱大公子來到楚國，照父親的話做了。莊生說：「你趕快離開，不要停留，即使令弟被放出來，也不要問為什麼。」

朱大公子假裝離去，而私自留在楚國一個貴人家裡。莊生一直很窮，但以廉潔正直被人尊重，楚王以下的人都以老師的禮數來敬重他。陶朱公送的金子，他無意接受，想在事成後歸還以表誠信。而朱大公子不瞭解莊生，以為他也是個貪財的人。

莊生找機會入宮見楚王，說某某星宿不利，若楚國能修德，則可以解除。楚王向來信任莊生，立刻派人封閉三錢之府。楚國貴人驚喜地告訴朱大公子：「楚

王將要大赦了，因為每次大赦前一定會封閉三錢之府。」

朱大公子認為遇到大赦，弟弟就能出獄，那麼1000兩黃金就白花了，於是又去見莊生。

莊生驚訝地說：「你沒有離開嗎？」

朱大公子說：「是呀！我弟弟很幸運，今天碰上楚王大赦，所以前來告辭。」

莊生知道他的意思，便進屋拿出1000兩黃金，讓朱大公子帶走了。

朱大公子這麼做，使莊生感到非常不舒服，便又入宮對楚王說：「大王想修德除災，但外面老百姓傳言：朱公子殺人，囚禁在楚國，他的家人拿了很多錢來賄賂大王左右的人，所以大王這次大赦，並不為憐恤楚國的民眾，而只是為了開釋朱公子而已。」

楚王很生氣，立即下令殺了朱公子，第二天才下大赦令。於是朱大公子只好拉著弟弟的屍體回了家，他的母親及鄉人都很悲傷。

陶朱公卻苦笑著說：「我本來就知道他一定會害死他弟弟。他並不是不愛他弟弟，只是他從小和我在一起，見慣了生活的艱苦，所以特別重視錢財。至於小兒子，生下來就遇上我富貴，過慣了富裕的生活，根本不知道錢財是怎麼來的。我派小兒子去，只因為他捨得花錢，而大兒子做不到，所以害死了他弟弟。」

孔子談君子與小人

青少年朋友，所謂「君子」、「小人」，雖然不完全等於你們常說的「好人」、「壞人」，但是基本上類似，所以你們姑且以此視之。

孔子曾多次比對過君子、小人在同樣情況下的不同表現，本篇將這些話輯錄出來，以幫助你們更好地學習知人：看看什麼樣的人是好人、什麼樣的人是壞人。

同時也幫助你們更好地學習做人：要向好人的做法看齊，以壞人的做法為戒。

I、君子上達，小人下達

【出處】

　　子曰：「君子上達，小人下達。」　　　──憲問篇第十四

【注釋】

① 上達：向高處走。

② 下達：向低處滑。

【譯文】

　　孔子說：「君子向最好的人看齊，小人跟最差的人攀比。」

【講解】

　　我們先將「君子」、「小人」轉換為「好學生」、「壞學生」，然後從幾個方面進行比較：

　　在做人方面：好學生拿自己跟品行最好的同學比較，壞學生拿自己跟品行最差的同學比較。

　　在勞動方面：好學生向做得最多的同學學習，壞學生跟做得最少的同學計較。

　　在學習方面：好學生自慚於跟成績最好的同學還差一截，壞學生自滿於比成績最差的同學還強一點。

　　所以，好學生才會成為好學生，並且越來越好；壞學生才會成為壞學生，並

且越來越壞。

【範例】

　　春秋時，魯國的魯宜公、魯成公兩位國君當政期間，季文子都擔任國相。他雖然官高位尊，卻一直過著非常儉樸的生活。他不喜歡鋪張浪費，他的妻妾不穿絲綢衣服，馬也只吃草料而不吃糧食，這在當時的達官顯貴中是非常特別的。

　　當時魯國有個紈袴子弟叫仲孫它，他看到季文子這般儉樸，很不以為然，便勸道：「您貴為魯國的上卿，是輔佐兩朝君主的國相，卻硬要擺出一副窮酸樣，妻妾不穿絲綢而穿粗布衣服，馬不吃糧食而吃草，別人看了，還以為你是吝嗇之人。再說，您這樣傳到外國去，也不是國家的光彩啊！」季文子說：「我何不想過豪華安逸的生活！但我看到國中還有很多百姓吃粗糧、穿破衣，我就不敢奢侈浪費。如果我光想著裝扮我的妻妾、厚待我的馬、過豪華奢侈的生活，那我還像個輔佐君主的國相嗎？況且，我聽說君子應該用德行和榮譽來為國家增加光彩，而不是像你所說的憑什麼美妾和寶馬！」

　　季文子追求的是內在的美德，想的是讓百姓過著豐衣足食的生活；而仲孫它追求的是外在的豪華，想的是讓自己過著富貴奢侈的生活，這兩種人生境界真有天壤之別啊！

2、君子求諸己，小人求諸人

【出處】

　　子曰：「君子求諸己，小人求諸人。」 ── 衛靈公篇第十五

【注釋】

① 求：要求。
② 諸：之於。

【譯文】

　　孔子說：「君子要求自己，小人要求別人。」

【講解】

　　平時相處時，好學生對自己要求嚴，對別人要求寬；而壞學生對自己要求寬，對別人要求嚴。

　　出了問題時，好學生會多檢討自己的過失，而少追究別人的責任，甚至把別人的責任也攬在自己身上；壞學生會少檢討自己的過失，而多追究別人的責任，甚至把自己的責任也推到別人身上。

【範例】

　　諸葛亮死後，蔣琬接任蜀國丞相。有一次，他找大司馬楊戲商談事情，楊戲卻默然不語，沒有表態。有的官員看了，很生氣，對蔣琬說：「您與楊戲商談事

情，他卻不表態，這樣怠慢上司，理應受到處罰。」蔣琬回答說：「每個人的想法不同，各人的表現方式也不同。如果當面順從，背後議論，這是古人所引以為戒的。楊戲如果說贊同我的話，則不是出自他的本意；如果說反對我的話，又怕暴露了我的過錯，這就是他默不作聲的原因。這正是他耿直的地方，哪能因此而處罰他呢？」

還有一次，督農楊敏詆毀蔣琬說：「蔣琬的能力，比不上前人。」有人將楊敏的話告訴了蔣琬，並請求追究楊敏惡意中傷的罪責。蔣琬卻說：「楊敏說的是實話，我的確不如前人（指前任丞相諸葛亮），這有什麼可追究的。」後來楊敏因事被關進牢裡，可是蔣琬卻沒有因以往的事進行報復，而是從輕發落了他。

蔣琬以寬厚待人的胸襟贏得了眾人的擁戴。

閱讀筆記

3、君子喻於義，小人喻於利

【出處】

　　子曰：「君子喻於義，小人喻於利。」　　　──里仁篇第四

【注釋】

① 喻：明白，此處引申為「看重」。

② 義：指道義。

③ 利：私利。

【譯文】

　　孔子說：「君子看重的是道義，小人看重的是私利。」

【講解】

　　臨做一件事前，好學生最想弄明白的是是不是合乎道義，如果不合乎道義，那麼即使對自己有利也不會去做；壞學生最想弄明白的是是不是對自己有利，如果對自己有利，那麼即使不合乎道義也會去做。

【範例】

　　東漢光武帝時，有個著名的大臣叫宋弘，曾任太中大夫、大司空等職，並受封為郇邑侯。

　　雖然仕途得意，但他娶妻多年，卻一直未曾生育。古時候講究「不孝有三，

無後為大」，親朋好友都勸他：「你已人到中年，可是還沒有個兒子，後嗣問題不解決，就斷了祖宗香火。你是不是趕緊娶個二房呀？」

宋弘正色道：「我妻和我相伴這麼多年，她寧可自己吃苦受累，也要讓我安心讀書上進。為人是不能喜新厭舊的，否則，為君者必殆於政事，為臣者將難於守職。我處世光明磊落，絕不做忘恩負義之事。」

當時，光武帝劉秀的姐姐湖陽公主新寡。她還年輕，很想再找個丈夫。光武帝就試探著問她：「在我朝文武大臣中，妳覺得哪一個比較好呢？」

湖陽公主毫不隱諱地說：「大司空宋弘才貌出眾，人品高尚，在群臣之中，是出類拔萃的。」言下之意，光武帝當然清楚 —— 姐姐願意嫁給宋弘。

光武帝也很賞識宋弘。知道了姐姐的心思，他便想從中做媒撮合，成全他們。有一天，光武帝把宋弘召進宮裡，並讓湖陽公主坐在屏風後面觀察動靜。

宋弘坐定後，光武帝就開了金口：「俗話說，地位高了換朋友，錢財多了換老婆。這合不合乎人情呢？在我朝中，像你這樣還守著一個老婆的人已經不多了，難道你就不想換個妻子嗎？」

宋弘不假思索地回答道：「我覺得，身為一個誠實守信的正派人，在處理個人生活問題的時候，應該是『貧賤之交不可忘，糟糠之妻不可棄』，同過甘苦、共過患難的人是應該始終相守在一起的。有錢有勢後就喜新厭舊，那是勢利小人的作為，我看不起這種人。」

宋弘已經把話說到了這個地步，光武帝也就不好再張口為湖陽公主提親了。宋弘走後，光武帝對湖陽公主說：「宋弘的話妳也聽到了，看來他是不會棄妻另娶的。姐姐還是另作考慮吧！」

湖陽公主微微點了一下頭，情不自禁地讚嘆說：「我沒有看錯，宋弘是個真君子啊！」

4、君子坦蕩蕩，小人長戚戚

【出處】

　　子曰：「君子坦蕩蕩，小人長戚戚。」　　── 述而篇第七

【注釋】

① 蕩蕩：坦然自若的樣子。

② 戚戚：憂戚不安的樣子。

【譯文】

　　孔子說：「君子往往坦然自若，小人常常憂戚不安。」

【講解】

　　好學生往往坦然自若，因為該做的作業按時做完了，該溫習的功課即時溫習了，不怕老師批評、家長訓斥、考試考不出好成績；因為沒做損害別人的事，不怕別人戳穿、指責和懲罰自己。

　　壞學生常常憂戚不安，因為該做的作業沒做，該溫習的功課沒溫習，要是老師批評、家長訓斥、考試考砸了怎麼辦；因為做了損害別人的事，要是別人戳穿、指責和懲罰自己怎麼辦？

【範例】

　　我們舉一個「君子坦蕩蕩」的例子。

宋神宗熙寧七年秋天，蘇東坡由杭州通判調任密州知州。中國自古就有「上有天堂，下有蘇杭」的說法，北宋時期杭州早已是繁華富足、交通便利的好地方。密州屬古魯地，交通、居處、環境都無法和杭州相比。

蘇東坡剛到密州的時候，連年收成不好，到處都是盜賊，連吃的東西都十分欠缺，蘇東坡及家人還時常以野菜做口糧。人們都認為蘇東坡過得肯定不快活。

誰知蘇東坡在這裡過了一年後，臉上長胖了，甚至過去的白頭髮有的也變黑了。這奧妙在哪裡呢？蘇東坡說：「我很喜歡這裡淳厚的風俗，而這裡的官員、百姓也都樂於接受我的管理，於是我有閒情自己整理花園，清掃庭院，修整破漏的房屋。在我家園子的北面，有一個舊亭台，稍加修補後，我時常登高望遠，放任自己的思路，做無窮遐想：往南面眺望，是馬耳山和常山，隱隱約約，若近若遠，大概是有隱君子吧；向東看是盧山，那裡是秦朝隱士盧敖得道成仙的地方；往西望是穆陵關，隱隱約約像城郭一樣，師尚父、齊桓公這些古人好像都還存在；向北可俯瞰濰水河，想起淮陰侯韓信過去在這裡創下的輝煌業績，又想到他的悲慘命運，令人不免慨然嘆息。這個亭台既高又安靜，夏天涼爽，冬天暖和，一年四季，清晨、傍晚，我常登上這個地方。自己摘園子裡的蔬果，捕池塘裡的魚兒，釀高粱酒喝，煮糙米飯吃，真是樂在其中。」

蘇東坡這種對人生的曠達態度一直為後人所讚佩。

5、女爲君子儒，無爲小人儒

【出處】

　　子謂子夏曰：「女爲君子儒，無爲小人儒。」——庸也篇第六

【注釋】

① 子夏（西元前508年～？）：姓卜，名商，即卜商。孔子弟子。春秋時晉國溫（今河南溫縣西南）人，一說衛國人。以文學見長，曾爲莒父宰。孔子死後，曾到魏國西河（濟水、黃河間）講學。

② 女：同「汝」。

③ 儒：古代從巫、史、祝、卜中分化出來的人，也稱術士，後泛指讀書人，而孔子的學派成爲儒家是從秦漢開始的，因而此處「儒」指讀書人。

④ 君子儒：指學習目的純正的讀書人，反之就是「小人儒」。

【譯文】

　　孔子對子夏說：「你應該做一個君子式的儒者，不要做小人式的儒者。」

【講解】

　　真正的好學生，他們用功地學習，是爲了學到做人的道理、有用的知識，使自己成爲德才兼備的人才，將來能對社會有大貢獻。

　　而那些貌似「好學生」的學生，他們努力地學習，是爲了拿到好成績以向別人炫耀、換取獎賞，是爲了將來能當官、賺錢，博取虛名，以滿足自己的私慾。

請青少年朋友結合「孔子談學習」篇中「古之學者為己，今之學者為人」進行理解。

【範例】

清朝有位學者型官員叫王鳴盛，曾任翰林院編修、侍讀學士、內閣學士兼禮部侍郎等職。他性情貪吝，未發跡前在富豪人家當私塾老師時，常做攤抱狀，說是想抱一點「財氣」。做了官以後，儘管一直是做清要官職，可是一有機會到各省任主考，他就拼命搜刮。當了內閣學士後，更是收受賄賂，貪得無厭。然而他寫的文章都是慷慨激昂，高唱倫理道德。熟悉他的同事都笑話他，他卻說：「你們現在說我貪吝，只不過是口碑而已。幾代之後口碑已消失，而我的道德文章猶在，足以揚我名聲。」王鳴盛最後就是因貪污罪而被降職的。

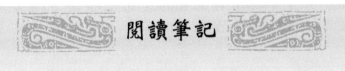

閱讀筆記

6、君子周而不比，小人比而不周

【出處】

子曰：「君子周而不比，小人比而不周。」 ── 為政篇第二

【注釋】

① 周：普遍。

② 比：勾結。

【譯文】

孔子說：「君子普遍團結而不拉幫結夥；小人拉幫結夥而不普遍團結。」

【講解】

好學生做人正派，以善待人，所以跟大多數人都處得很好，並注意維護集體的團結。

壞學生卻總是從個人的私慾出發，拉攏幾個人，一同誹謗、欺負、排擠其他人；還經常出現一個壞學生集結的小團體與另一個壞學生集結的小團體爭鬥的情況，這些做法都非常有害於集體的團結。

【範例】

宋神宗當政時，歐陽修年紀已很大了，但他仍然關心著朝廷的用人，並堅持任人唯賢、不避朋黨、不計親疏的主張。當宋神宗下詔命朝臣舉薦賢才時，歐陽

修寫了一份奏章，舉薦了三位人才，而這三人都曾與歐陽修有過衝突。

　　頭一位是司馬光。司馬光曾在「議濮」事件中反對過歐陽修。西元1065年，英宗為他的生父濮王趙允讓定諡號，發生了一場辯論，史稱「議濮」事件。歐陽修主張尊崇濮王；而司馬光認為英宗已是仁宗的養子，不應尊崇生父，認為歐陽修是「以枉道說人主」（以錯誤的道理勸說皇上），要求罷歐陽修的官，因此而造成歐陽修與司馬光之間的衝突。

　　第二位是呂公著。呂公著曾在「慶曆新政」時攻擊歐陽修與范仲淹是朋黨，使歐陽修受到降職處分。時過境遷，歐陽修不僅不記恨，反而仍然認為呂公著是個幹才。

　　最後一位是王安石。論年齡，王安石是歐陽修的晚輩。當初王安石年少氣盛，他的朋友曾子固要將他引薦給大文學家歐陽修時，王安石起初不同意。最後見面時，王安石賦詩說，「他日倘能窺孟子，此身安能望韓公。」詩中自詡有孟子之才志，而將歐陽修比做韓愈，這是自負失禮之舉。但歐陽修毫不介意，反而認為王安石有特殊之才。

　　歐陽修這種不計個人恩怨、唯才是舉的風範贏得了朝廷上下的一致稱讚。

閱讀筆記

7、君子和而不同，小人同而不和

【出處】

子曰：「君子和而不同，小人同而不和。」—— 子路篇第十三

【注釋】

① 和：調和。

② 同：苟同。

【譯文】

孔子說：「君子講調和而不盲從附和，小人盲從附和而不講調和。」

【講解】

在與人商談事情、交流學問時，君子既坦率的提出自己的觀點，也認真聽取別人的觀點，並盡力調和自己和別人的觀點；如果不能調和，他就堅持或保留自己的觀點，這是對事情負責、認真做學問的態度。

而小人，要嘛隱瞞自己的觀點，要嘛在提出自己的觀點後，又聽別人提出不同的觀點，儘管心裡認為不正確，卻不費心調和，而是隨聲附和。他們這麼做，或為圖省事，或為不得罪人，或為討好人，或兼而有之。他們考慮的是私利，而不是對事情負責、把學問做好。

【範例】

齊景公在冬至時去打獵，晏子在遄台陪伴，梁丘據也到那裡趨奉。景公說：「只有梁丘據跟我相和呀！」晏子對答說：「梁丘據只是和你『相同』，怎能是『相和』呢？」景公問：「『相和』跟『相同』有區別嗎？」晏子回答說：「有區別，『相和』，好像做羹湯一樣，用水、醋、醬、鹽、酸等調和，或需補充味道不足之處，或需沖淡滋味過濃之處，用柴去燒，然後吃它，才能安心。君臣之間的關係也應如此。君王認為適當的事，其中也會有不適當之處，為臣的應提出來，以幫助君王把事情做好；君王認為不當的事，也有適當之處，為臣的也應提出來，就可改正君王不當之處……但梁丘據不是這樣，君王認為可，他也說可；君王認為不可，他也說不可。好像用水去調劑水，誰能吃這樣的羹湯呢？『相同』就是這樣的不好。」景公說：「你說得對！」

晏子不但深明「和」與「同」的道理，從他對齊景公所說的這番話，可見他就是個「和而不同」的君子。

我們再來看一個例子。

趙普是宋朝幽州薊地人，字則平。為人沉穩寡言、剛毅果斷。他輔佐宋太祖定天下後，官拜樞密使，甚受器重。到了宋太宗時，他被拜為太師，出任宰相。趙普當初跟隨宋太祖時，學識淺薄，太祖便勸他多讀些書。於是他博覽群書，尤其喜歡《論語》，常手不釋卷，一直到老年都這樣。宋太宗問他為什麼？他回答說：「臣有《論語》一部，以半部佐太祖定天下，以半部佐陛下致太平。」可見趙普與宋太祖、宋太宗兄弟二人的關係何等深厚。

趙普對太祖忠心耿耿，凡是太祖看重的事情，他都竭力去辦。太祖稱帝後，十分重視攏絡人才，趙普便以薦賢為己任。用誰或不用誰，他都出於公心，從來不以個人恩怨為念。有一次，趙普推薦某人為官，但宋太祖對這個人有些成見，沒有允准。第二天，他再次推薦，太祖依然不准。第三天，趙普上朝，手持笏

板，又把推薦某人為官的理由照說一遍。太祖大怒，把他的笏板順手奪來，用力折斷，摔到地下。但是趙普卻面不改色，從容跪下，拾起笏板回到府上。笏板，是大臣朝見皇帝時的重要物件，太祖將趙普手中的笏板奪下折斷，說明他相當生氣。但是過了數日，趙普將那塊笏板補綴好後，又拿著上朝，像從前三次一樣，他又把原話重奏一遍。宋太祖有鑑於他忠耿不介，終於打消了對那個人的成見，採納了趙普的意見。

　　還有一次，一個大臣犯了過失應當降職，趙普奏明後，太祖沒有應允。趙普則堅持己見毫不妥協，宋太祖大怒道：「我就是不降他的職，看你如何？」趙普則說：「賞罰是天下的賞罰，陛下怎可以個人喜怒為轉移？」宋太祖大為光火，拂袖而去。趙普竟緊隨其後，寸步不離。宋太祖進入後宮，趙普就立在宮門外，久久不肯離去。宋太祖無奈，只得應允。

閱讀筆記

8、君子泰而不驕，小人驕而不泰

【出處】

子曰：「君子泰而不驕，小人驕而不泰。」── 子路篇第十三

【注釋】

① 泰：沉穩，沉靜。

② 驕：驕傲，傲慢。

【譯文】

孔子說：「君子沉靜而不驕傲，小人驕傲而不沉靜。」

【講解】

好學生為人謙虛，心性淳樸，總是一副沉靜、平和的樣子，在得到誇讚、受到表彰和家庭條件優越的情況下也不沾沾自喜。

壞學生則自命不凡，瞧不起人，老愛吹噓自己、貶低別人，若是得到點誇讚、受到點表彰或家庭條件優越，就更是張狂得不得了。

【範例】

晏子當上了齊國宰相，經常出來體察民情，他的馬車夫總是為他趕車，並感到十分榮耀。有一天，馬車夫為晏子趕車，經過人山人海的市區，正好路過自己的家。車夫的妻子站在家門口，見丈夫高高地坐在駟馬大車上，神氣活現地揚著

鞭子，得意洋洋地吆喝著，她心裡十分難過。

　　馬車夫晚上回家，本以為工作了一天，該回去享受一下。可是，他剛一進門，就見妻子在打包行李要出門。他不解地問：「妳在做什麼？」妻子說：「回娘家去。」馬車夫毫無頭緒，說：「這，這是為什麼呀？」妻子說；「人家晏子，身高不到六尺，卻是一國宰相，名聞諸侯，可是我今天看到他坐在車上，低頭沉思，態度謙虛，多有修養；而你呢？雖然八尺漢子，卻是一個車夫，不但不感到羞愧，還在趕車時表現得不可一世，我可不願和你這種自足傲慢的人一起生活。」

閱讀筆記

9、君子成人之美，不成人之惡。小人反是

【出處】

子曰：「君子成人之美，不成人之惡。小人反是。」

—— 顏回篇第十二

【譯文】

孔子說：「君子成就人的好事，不促成別人的壞事。小人正好與此相反。」

【講解】

好學生樂於助人，但幫人做正事，不幫人做壞事；以誠待人，盡力幫別人把事情辦成，而不忍見別人為難。幫了別人的忙，解了別人的難，他會很欣慰。

壞學生則哄騙別人，慫恿著別人做壞事；損害別人，看到別人做正事就設法阻撓。看到別人做壞事，或想做的正事沒做成，他就幸災樂禍。

【範例】

項斯，字子遷，是唐朝時的江南才子。他很有文才，詩寫得很好，品行、風度也不錯。可是，由於他名氣太小，很少有人知道他。

當時文壇上盛行一種風氣：凡後起之秀都得由名人高士推薦，才能造成影響而出名。項斯當然也不例外，他為了提高自己的知名度，便到處尋找能夠推薦自己的人。他的朋友向他介紹說：「當今國子監楊敬之很有學問，他名氣大、地位

高，非常重視人才，你最好去拜訪他。」於是，項斯帶著自己的詩作前去拜訪楊敬之。

楊敬之早已讀過項斯的一些作品，也很賞識項斯的才華，只是一直沒有見過他。聽說項斯前來拜訪，楊敬之非常高興，兩人見面後也談得十分投機。項斯的言行舉止大方有禮，對詩文的看法也很有見解，更增添了楊敬之對他的好感。項斯臨走時，委婉地提出希望楊敬之舉薦他的意願。楊敬之沒說什麼，而是賦詩一首贈予項斯：「幾度見詩詩總好，及觀標格過於詩。平生不解藏人善，到處逢人說項斯。」

由於楊敬之的大力推薦、宣傳，項斯的作品很快就在京城中流傳開來，項斯的詩名也很快被人知曉。項斯於會昌四年（西元844年）考中進士，被任命為丹徒縣尉。

閱讀筆記

10、君子固窮，小人窮斯濫矣

【出處】

　　在陳絕糧，從者病，莫能興。子路慍見曰：「君子亦有窮乎？」孔子說：「君子固窮，小人窮斯濫矣。」── 憲問篇第十四

【注釋】

① 在陳絕糧：孔子及其隨行弟子周遊列國期間，先後到了衛國、曹國、宋國、鄭國，接著去了蔡國、陳國，在由陳國返回蔡國途中，正趕上吳國進攻陳國，楚國又來救陳。兵荒馬亂之中，孔子及其弟子被困，絕糧七天，一些弟子都餓病了。

② 莫能興：「興」有興起、振興等意思，很多書中將「莫能興」解釋為不能站立，但我認為應引申為不能解決。

③ 固：安守，固守。

④ 濫：越軌，沒有約束。

【譯文】

　　孔子在陳國斷了糧，跟隨他的人有的都餓病了，也沒有辦法解決。子路很不高興地來見孔子，說：「君子也有窮困的時候嗎？」孔子說：「君子雖然窮困，但能保持操守，小人窮困便會為非作歹。」

【講解】

「君子固窮，小人窮斯濫矣」這句話雖然是孔子「在陳絕糧」時說的，但其應用面很廣，涉及到如何對待貧窮的問題。

　　誰都不願意貧窮，但在不能用正當方式擺脫貧窮時，君子就會安守著貧窮，甘心過清貧的生活。

　　而小人卻忍受不了，他們就會去坑、去騙、去偷、去搶，反正只要能擺脫貧窮，他們什麼事都做，不管正當或不正當。

　　貧窮是很能考驗人的，正是在面對貧窮時，我們看到了君子和小人截然不同的兩種表現。

【範例】

　　我們先來看一個正面的例子。

　　晏嬰既機敏善言，又為官清正。他雖然是齊國的宰相，卻過著非常儉樸的生活。有一次，他正在家中吃飯，突然齊景公派一位大臣來家中找他。他得知這位大臣還沒吃飯，便將自己的飯分出一半請客人吃，結果兩人都沒吃飽。這位大臣回去後，便將此事告訴了齊景公。齊景公聽後，十分感嘆地說：「晏嬰家裡這麼窮，我卻一點都不知道。這是我的過錯啊！」他隨即派人給晏嬰送去一大筆錢，讓他做為招待賓客的費用，可是晏嬰堅決不收。景公心中實在過意不去，就令手下一定要設法說服晏嬰，讓他把這錢收下。晏嬰一次又一次地向來者陳述：「自己的地位高，更應注意生活儉樸，這樣才能給朝中的官員做榜樣，使朝政更加清廉。」來者見他不肯收，就說這是景公的命令，不然要受到景公的怪罪。為此，晏嬰親自找到景公，對他拜謝說：「大王，我家並不窮。因為您的恩賜，我的親朋好友都得到不少好處，我們十分感激，千萬不要再給我錢財，您不如用這些錢財去救濟百姓吧！」之後，景公又為他建造新的住宅，並換上漂亮車子和好馬，

但晏嬰也都沒有接受。

晏嬰身為宰相，絕對可以利用職權謀取私利，以改善家裡的生活狀況，但他不這樣做，而是一生過著儉樸的生活，為齊國在勵行廉潔、反對奢侈方面做了榜樣。

我們再來看一個反面的例子。

春秋戰國時代，黃金開始被做為貨幣使用，於是，人們出於對富裕生活的渴求、對錢財的崇拜，千方百計，甚至不擇手段地追求起黃金來。

當時齊國有一個非常窮的人，整天做著發財夢，希望能突然得到一大筆黃金，好過著富貴的生活。這天，他正在集鎮上東遊西逛，想撈點便宜，忽然看到一家店舖裡的櫃檯上擺著一堆黃燦燦的金子，他馬上推開眾人，上去搶了黃金就走。人們看到這個人如此大膽，竟然在光天化日之下搶黃金，先是驚奇，轉而憤怒，紛紛上前將他抓住，押送到官府。受理此案的官員甚覺蹊蹺，立即開審，當問到他為何敢在眾人面前膽大妄為時，他供認說：「我搶黃金的時候，眼睛裡看不到一個人，只看到黃燦燦的金子。」

眾人聽後無不瞠目結舌，想不到黃金的魔力竟如此之大！

 閱讀筆記

11、小人之過也必文

【出處】

子夏曰：「小人之過也必文。」 —— 微子篇第十八

【注釋】

① 文：掩飾、粉飾。

【譯文】

子夏說：「小人對自己的過錯一定要加以掩蓋、粉飾。」

【講解】

我們再來看在犯了錯時，君子和小人的不同表現。

君子會坦率地承認錯誤，接受相對的處罰，並盡力改正錯誤、挽回損失。

而小人，往往會有「精彩」的演出：如果他們做的錯事、壞事沒被人發現，他們自己絕不會說，並千方百計地掩飾。

如果被人發現了，他們或說不是他們做的；或說那不是錯事、壞事；或說他們本來想怎樣怎樣，沒想到結果會怎樣怎樣；或說是別人做的。

如果處罰他們，他們或者捶胸頓足地大呼冤枉；或者擦鼻涕、抹眼淚地假裝可憐；或者怒氣沖沖地破口大罵；或者背地裡跟人大發怨恨，甚而伺機報復。

唉！借用孔子的一句話：「吾不知之矣。」（我不知道他們怎麼會這樣啊！）

【範例】

宋朝年間，潤州有個婦人，她丈夫出門多日沒有回家。一天，她聽說有人在菜園裡打水時發現井裡有個死人，便趕忙跑去看。一到井邊，她就嚎啕大哭起來，說：「我可憐的丈夫啊！你怎麼死得這麼慘啊！」於是向官府報了案。

受理此案的官員名叫張升（後升為宰相），他命手下捕快將這個婦女的左鄰右舍召集起來，讓他們排著隊一個個到井邊辨認是不是她的丈夫。他們都說井深看不清，除非把屍體打撈出來才能辨認。張升讓捕快們又召來婦人，讓她去辨認。她剛到井邊，就又大哭起來。她一邊哭，一邊用手指著井底說：「這不是我可憐的丈夫嗎？」打撈出屍體，果真是婦人「出門多日」的丈夫。張升馬上沉下臉，問婦人道：「眾人都說井深無法辨認，妳怎麼一下子就看出是妳的丈夫呢？」聽張升這一問，婦人立時慌了。無奈之下，她只得供出實情，原來是她的姦夫殺死了她的丈夫後告訴她的。她本來想掩飾，不料卻被張升識破詭計，與姦夫一同落入法網。

 閱讀筆記

12、君子不可小知，而可大受也 小人不可大受，而可小知也

【出處】

子曰：「君子不可小知，而可大受也；小人不可大受，而可小知也。」

—— 衛靈公篇第十五

【譯文】

孔子說：「君子不可以用小事去考驗他，而可以委以重任；小人則不可委以重任，而可以用小事去考驗他。」

【講解】

這兩句話直接的意思是：

君子志存高遠，為了實現自己的大目標，他們研究大學問、鑽研大本領，而不願在學習小門道、小技能上耗費時間，所以應該透過讓他們做大事情來考驗他們。如果你用小事情考驗他們，由於那不是他們擅長的方面，所以不會考驗出好結果。譬如孔子，他雖然是個有大學問、大智慧的人，卻曾被農夫笑為「四體不勤，五穀不分」，他也承認論種田自己不如農夫。但如果他在學習種田等小技能上耗費大量時間，他還能成為有大學問、大智慧的人嗎？

反之，小人目光短淺，追求小利，他們為此而學習小門道、研究小技能，不會對「不實惠」的大學問、大本領感興趣，所以應該透過讓他們做小事情來考驗他們。如果你用大事情來考驗他們，由於他們沒有相對的大學問、大本領（特別

是人品不正），所以也不會考驗出好結果。

這兩句話間接的意思是：

雖然孔子說了許多嚴厲批評小人的話，但他並沒有完全否定小人的價值，而認為可以讓他們做些小事情，並藉此考驗他們（請大家想想「雞鳴狗盜」的故事）。

小人不是無可救藥的，也是可以教育、感化的。我想起一個古代故事：有位清官帶著隨從去外地赴任，在路上被一個小偷偷走了行李。後來隨從們將這個小偷捉住了，並要求嚴厲懲辦他。但清官在審問過這個小偷後，卻決定帶著他，並讓他看管行李。這個小偷很忠實地完成了任務，一直沒再讓行李發生問題。

之後這個「小偷」是不是仍繼續跟著清官，我記不得了，但我想：無論怎樣，以後他是不大可能再做小偷了，因為清官的寬容和信任感化了他。

【範例】

我們先來看一個「君子不可小知，而可大受」的例子。

劉備是三國時蜀國的皇帝。有一次，他到廣都（今四川華陽縣東南）巡察，聽當地有些人反映：「該縣縣令蔣琬很少過問公事，整日喝酒，到處遊蕩。」劉備不大相信，便在縣衙裡坐下來，想看個究竟。傍晚時，蔣琬果然喝得酩酊大醉地回來了。劉備勃然大怒，馬上讓手下將他捆綁起來，準備帶回都城處死。

丞相諸葛亮聽說後，馬上趕來向劉備求情說：「蔣琬這個人，是安邦治國的大才，讓他管理一個小縣，他覺得是大材小用，才這樣放浪形骸。切不可因為他犯了一點小過失，就匆忙把他殺掉啊！」

劉備聽了，覺得諸葛亮說得很有道理：要治理好一個國家，沒有人才不行，對人才不恰當使用也不行。於是，他採納了諸葛亮的意見，免了蔣琬的死罪。

隨後，諸葛亮把蔣琬調到自己的身邊，加以培養和重用，使他成為自己的得力助手，臨終前又推薦他接任自己的丞相職務。

蔣琬確實是位治國之才，為蜀漢政權在諸葛亮死後仍能保持相當長時間的穩定做出了重要貢獻。

我們再來看一個「小人不可大受，而可小知」的例子。

魏元忠是唐高宗時的監察御史。有一次，他接受了負責皇上外出車隊安全的任務。當時盜賊猖獗，這個任務可不好完成，而無法完成任務就有掉腦袋的危險。怎麼辦呢？他靈機一動，來到監獄，從中挑選了一名竊術高超的在押慣竊盜。他給這位慣竊穿上官服，讓他幫著自己看管財物。在這名慣竊的細心防範下，皇帝車隊的財物，從長安到洛陽，一路上竟沒有失竊一件。

閱讀筆記

孔子談待人

學習做人、學習知人是學習待人的基礎。做人正了，才能以正確的態度對待別人；知人明了，才能以正確的方式對待別人。

孔子思想中，最重要的一個概念是「仁」。我們看，「仁」是由「人」、「二」兩字組成的，因而「仁」指的是兩人之間，指的是人與人之間應該如何對待。

孔子說：「仁者愛人。」即人與人之間應該以愛心、以善意對待。

但愛心、善意的給予並不是盲目的，應該在知人明的基礎上對不同的人採取不同的對待方式。

但最基礎的還是做人：只有做人正的人才不會以壞心、以惡意待人。

我們要在做人正、知人明的基礎上學會待人，學會處理人際關係。

1、己所不欲，勿施於人

【出處】

　　子貢問曰：「有一言而可以終身行之者乎？」子曰：「其『恕』乎！己所不欲，勿施於人。」

　　　　　　　　　　　　　　　　　　　　　　　—— 衛靈公第十五

【譯文】

　　子貢問：「有沒有一句可以終身奉行的話嗎？」孔子說：「那就是『恕』了！自己所不想要的，就不要強加給別人。」

【講解】

　　子貢提了個很難的問題：有沒有一句可以終身奉行的話？而孔子的回答非常精闢，並因此而誕生了「己所不欲，勿施於人」這句千古名言。

　　而「己所不欲，勿施於人」是對「恕」的解釋。

　　大家看，「恕」這個字的上面是個「如」字，下面是個「心」字，合起來就是「如心」。

　　因此我們瞭解「恕」的含意：別人之心如我心，知道自己心裡是怎麼想的，就應想到別人心裡是怎麼想的，這就是我們經常所說的「將心比心」。

　　而由此推出的待人方式就是：自己所不想要的，就不要強加給別人。

　　你不希望別人打擾你的學習，你就不要打擾別人的學習；你不希望別人羞辱你，你就不要羞辱別人；你不希望別人亂丟垃圾，你就不要亂丟垃圾……只有這樣，你才能與別人和平相處；否則，你就會引起別人的反感，損害你與他人的關

係。

在「孔子談做人」篇中，我們介紹了「忠」，在這裡我們又介紹了「恕」，孔子的學生曾參說：「夫子之道，忠恕而已矣。」（孔子的待人之道，就是忠恕二字）雖然總結得不全面，但確實抓住了問題的關鍵。

【範例】

戰國時期，齊國大夫邾（ㄓㄨ）石父謀反不成，被齊宣王殺了。按照齊國法規，邾石父的家族也要被誅滅。邾石父家的幾十口子人都一齊哭著拜倒在當時名士艾子的家門前，求他在齊宣王面前幫他們求情。艾子對他們說：「你們給我一條繩子，我設法幫你們免掉滅族之災。」邾家的人都以為他在開玩笑，但也不敢追問，趕忙回家拿一條繩子給他。

艾子將繩子揣進懷裡，去見齊宣王。他對齊宣王說：「反叛的只是邾石父一個人，他的家人又沒犯什麼罪，為什麼也要殺掉呢？」齊宣王說：「這是先王制訂的法規，我豈敢違背。政典上說：『與反叛者同宗的人，殺無赦。』」艾子跪地而拜，說：「臣也知道，大王您是不得已才決定這樣做，但我斗膽問您一句：過去公子巫以邯鄲一城為本錢投降了秦國，而公子巫不是大王您的舅舅嗎？那麼大王您也是叛臣的親族，照理說也應該連坐，所以我希望大王您今天就自殺，不要因為憐惜自己而廢棄了先王的法規。」說著，就從懷裡掏出繩子，雙手捧給齊宣王。齊宣王笑著站起來說：「你起來吧！寡人赦免邾氏全家就是了！」

2、己欲立而立人，己欲達而達人

【出處】

　　子貢曰：「如有博施於民而能濟眾，何如？可謂仁乎？」子曰：「何事於仁？必也聖乎，堯舜其猶病諸！夫仁者，己欲立而立人，己欲達而達人。能近取譬，可謂仁之方也已。」

—— 庸也篇第六

【注釋】

① 施：給予。

② 眾：民眾。

③ 何如：即如何，怎麼樣。

④ 堯舜：皆為古代傳說中賢明的帝王。

⑤ 病：擔憂，為難。

⑥ 諸：之乎的合音。

⑦ 譬：例子。

⑧ 方：辦法，方法。

【譯文】

　　子貢說：「如果能廣泛地施愛於人民而又能救濟他們，怎麼樣呢？可以稱得上仁德了嗎？」孔子說：「何止於仁德呢？那肯定是聖德了，連堯、舜都擔憂自己難以做到！所謂仁德，就是自己要立身也要讓別人立身，自己想達到也要讓別

人達到。能夠以自己為例而想到別人，可以說是找到實行仁道的方法了。」

【講解】

　　這句話既是對上句話的補充：你希望別人怎麼對待你，你就要怎麼對待別人；又是對上句話的提升：「己所不欲，勿施於人」說的是不損人，這句話說的是要益人。

　　你想要別人對你好，你就要對別人好；你要想讓別人尊敬你，你就要尊敬別人；你要想讓別人關心你，你就要關心別人；你要想讓別人幫助你，你就要幫助別人……

　　不要持這樣的心態：我對別人好，別人不對我好怎麼辦？別人不對我好，我也不對別人好。

　　要向比自己強的人看齊，這樣你才會進步；而不要跟不如自己的人計較，不然你就會退步。

　　一個對人好的人，總比一個不對人好的人更能得到大家的尊敬和幫助。

　　當然，對人好並不是盲目的，而是有原則、有章法的，這些我們會在本書其他章節介紹。

【範例】

　　清朝人張英曾中過狀元，在康熙年間擔任文華殿大學士兼禮部尚書。這天，他接到母親派人從安徽桐城老家送來的一封信。信中說家裡正準備擴建宅院，卻因地皮問題而與比鄰而居的葉家發生了衝突。因為葉家也想建造房屋，也想多佔地皮，為此兩家鬧得不可開交。信中隱含著要張英用官位壓服葉家的意思。

　　張英看罷，沉吟半晌，寫了一封回信交來人帶給母親。

張英的母親收到回信，打開一看，見上面只有一首詩：

千里家書只為牆，讓他三尺又何妨。

萬里長城今猶在，不見當年秦始皇。

張英的母親和家人領會了信中的意思，馬上主動把將要砌建的院牆退讓三尺。葉家人知道情況後，甚為感動，也立即把正想修建的院牆退後三尺。就這樣，張葉兩家的院牆之間，形成了一條六尺寬的街巷。此事頓時被人們傳為佳話，至今在桐城尚有為人所樂道的「六尺巷」。

張英的家人想擴建宅院，就應想到葉家也想擴建宅院；張家想多佔地皮，就應想到葉家也想多佔地皮，如果只顧念自家的利益，勢必會與葉家起衝突、鬧糾紛，惡化兩家的關係。幸虧他們聽從了張英的勸告，才落得如此美滿的結局。

閱讀筆記

3、以直報怨，以德報德

【出處】

　　或曰：「以德報怨，何如？」子曰：「何以報德？以直報怨，以德報德。」

── 憲問篇第十四

【注釋】

① 德：恩德。

② 怨：埋怨，怨恨。

③ 直：正直。

【譯文】

　　有人問孔子：「用恩德來對待那些損害過我、我本該怨恨的人，怎麼樣？」孔子說：「那用什麼來報答那些幫助過你、你應該感恩的人呢？應該用正直來對待那些損害過你、你本該怨恨的人，用恩德來報答那些幫助過你、你應該感恩的人。」

【講解】

　　青少年朋友，「以直報怨，以德報德」是我們非常熟悉的一句名言，但很多書中都將其解釋為「用正直回報仇怨，用恩德回報恩德」，我認為不妥，關鍵就在「以直報怨」上。別人為什麼怨恨你，情況大體有三種：1、你做了讓人怨恨

的事，但你做得對；2、你做了讓人怨恨的事，而且你做得不對；3、有人造謠挑撥你與別人的關係，使得別人怨恨你。

只有在第一種情況下才勉強可以採取「以直報怨」的態度，即堅持自己的做法，但更重要的是要向別人解釋清楚，以消除別人對你的怨恨。而在第二、第三種情況下採取「以直報怨」的態度都不合適，在第二種情況下更屬荒唐；在第三種情況下，你更要向別人解釋清楚，以消除別人對你的誤會；在第二種情況下，你不但要向別人道歉，還要改正自己的錯誤。

所以，我在「譯文」中對這句話做了新的解釋。究竟哪種解釋更好，青少年朋友可以比較、判斷。現在，我就按照我的解釋進行講解。

「以德報怨」：可能會感化損害我們的人，但更可能會縱容他們繼續做損害我們的事，所以孔子不贊成這樣做。孔子的反問很有道理：何以報德？如果對幫助我們的人和損害我們的人採取同樣的對待方式，那就是不分好歹了。

必須對這兩種人採取不同的對待方式：以直報怨，以德報德。

先說「以德報德」：我們要有顆感恩的心，對幫助我們的人，我們要感激、感謝，並盡可能幫助人家，這樣人家才會繼續幫助我們，並繼續幫助其他人；如果我們不懂得感恩、不懂得回報，那麼幫助過我們的人就不願再幫助我們，也不願再幫助其他人。愛幫助人的人越少，我們所處的社會就越冷漠 —— 我們都不願生活在這樣的社會中吧！

需要注意的是：在向幫助我們的人學習幫助人的同時，我們就是在提升自己的品德。

再說「以直報怨」：對於損害我們的人，我們要以正直的態度對待。正直的態度有好幾種表現方式：1、不理他：只要自己走得正、行得直，他愛怎麼做就怎麼做；2、教育他：讓他以後不再做損害人的事；3、斥責他：讓他以後不敢再

做損害人的事。情況嚴重的話，要找老師、學校管教他。

絕不能「以怨報怨」，這也是孔子堅決反對的。

所謂「以怨報怨」，就是你損害了我，我也要損害你。如果這樣做，就會既損害別人，又損害自己。因為一：俗話說：「冤冤相報何時了。」昨天他損害了我，今天我要加倍損害他，明天他加兩倍損害我，後天我再加三倍損害他……到頭來彼此都深受其害；因為二：你這樣做的話，就是在向不好的人學習，就是在退步，就是在損害自己的品德。

「以德報怨」、「以怨報怨」都是不可取的，我們要「以直報怨，以德報德」！

【範例】

我們來看一個「以德報德」的例子。

春秋時秦穆公的一匹良馬被岐下三百多個鄉下人偷偷宰殺吃了。秦國的官吏捉到他們，打算嚴加懲處。秦穆公說：「我不能因為一條牲畜就使三百多人受到傷害。我聽說吃了良馬肉，如果不喝酒，對身體會有害。賞他們酒喝，然後全放了吧！」

後來，秦國和晉國在韓原交戰，這三百多人聞訊後都奔赴戰場幫助秦軍。正巧穆公的戰車陷入重圍，形勢十分險惡。這些鄉下人便高舉武器，爭先恐後地衝上前與晉軍決一死戰，以報答穆公的食馬之德。晉軍的包圍被衝散，穆公終於脫險。

4、躬自厚而薄責於人，則遠怨矣

【出處】

子曰：「躬自厚而薄責於人，則遠怨矣。」

—— 衛靈公篇第十五

【注釋】

① 躬自厚：躬下身來深深地反省自己。 躬：躬身。 厚：深。

【譯文】

孔子說：「躬下身來深深地反省自己，就會少責備別人，就會遠離怨恨。」

【講解】

青少年朋友，「躬自厚而薄責於人」也是我們非常熟悉的一句名言，而我對它也有著與很多書不同的解釋。很多書都解釋為「多責備自己而少責備別人」，而我認為它仍體現著孔子「恕」的思想，即將心比心，所以解釋為：「躬下身來深深地反省自己，就會少責備別人。」

假如你是班長，你讓一位同學去做某事，而他沒有做好。這時你先不要急於責備他，而應先認真反省一下：誰都想把事情辦好，誰都不願把事情搞砸，他之所以沒做好，是不是遇到了我不瞭解的困難？假如換了我，是不是也一樣辦不好呢？

如此一來，你可能就不會再責備他，責備的話也會比較輕，就不會引起他的

怨恨了。

　　當然，必須在不違反原則的前提下這樣做。相關的原則是：查明情況後，該批評就批評，該處理就處理；不能為了不得罪人、不讓人怨恨就違反原則。

【範例】

　　唐代宗時，郭子儀在平定安史之亂中立下赫赫戰功，成為復興唐室的元勳。唐代宗為了表示對他的敬重，將自己的第四個女兒升平公主嫁給了郭子儀的第六個兒子郭曖為妻。郭曖是將門虎子，升平公主是金枝玉葉，這小倆口互不服氣，常常吵嘴。

　　有一天，兩個人又吵起來，可能是升平公主說自己是公主，出身高貴，郭曖一氣之下說道：「妳別以為自己是公主就瞧不起人！老實告訴妳，你們李家的江山是我父親打敗了安祿山保住的，我父親因為不稀罕皇帝的寶座才沒當皇帝。」在當時社會裡，郭曖的話實際上犯了對皇上「不敬」的大罪。升平公主聽到郭曖口出狂言，立刻坐車跑到宮中告訴了唐代宗，指望父皇重懲郭曖，替她出口氣。

　　但唐代宗聽完後卻不動聲色地說：「這件事妳是不明白的，妳丈夫說的都是實情，天下是妳公公保全下來的，如果他想當皇帝，天下早就不是我們李家的了。」然後勸公主回到郭家去，跟丈夫和和氣氣地過日子。

　　郭子儀聽說此事後卻認真起來，即刻命人將郭曖捆綁起來送到宮中，要求代宗嚴懲。唐代宗卻毫無怪罪之意，反而勸慰郭子儀說：「有句俗話叫『不癡不聾，不為家翁』，兒女們在閨房中吵嘴的話，豈可當真？我們只把自己當聾子、傻子，裝沒聽見就是了。」聽了代宗這一番人情入理的話，郭子儀非常感動，由衷欽佩皇上的寬容大度。

5、不念舊惡，怨是用希

【出處】

子曰：「伯夷、叔齊不念舊惡，怨是用希。」

—— 公冶長篇第五

【注釋】

① 伯夷、叔齊：商朝末期孤竹君的兩個兒子，是孔子非常尊重的兩個有賢德的人。

② 念：記著，計較。

③ 惡：過錯，矛盾。

④ 是用：用是，因此。

⑤ 希：同「稀」。

【譯文】

孔子說：「伯夷、叔齊兩人因為不計較別人以前做過的對不起自己的事，所以別人對他們的怨恨也就很少。」

【講解】

青少年朋友，可以把「不念舊惡」視為「以直報怨」的延伸。

別人做了對不起我們的事，如果情況不是很嚴重，那麼當時我們應採取正直的態度對待，過後就不要再計較。如果我們計較，或是不理人家，或是報復人

家，這樣都不能解決問題，而且還會使問題激化。

人與人相處，總難免發生摩擦，我們自己不是也在有意無意間做過對不起別人的事嗎？如果別人老是跟我們計較，我們不是也會心懷怨恨嗎？

如果不想引起別人的怨恨，我們就應以寬容的態度對待。只有寬容能化解怨恨、化解衝突，使我們與他人建立良好的關係。

只有寬容別人，才能贏得別人的尊敬和善待。

【範例】

狄仁傑是唐朝著名宰相，他忠心耿耿輔佐武則天，深受武則天的器重。然而，在狄仁傑的政治生涯中，卻有一件事令他十分愧疚。

狄仁傑早先在朝中為官時，因對當時的宰相婁師德不滿，曾在好幾件事情上與婁師德作對，並多次在武則天面前指責婁師德的過失。後來，狄仁傑被貶到外地為官，他便懷疑這一定是婁師德對自己的陷害，心中十分怨恨。過了一段時間，武則天讓婁師德推薦可以擔任輔政大臣的人才，婁師德不計前嫌，極力推薦狄仁傑。武則天非常驚訝，便對婁師德說：「你不擔心狄仁傑回來後繼續和你作對嗎？你還是再好好考慮一下。」婁師德回家後，認認真真地把狄仁傑的人品、才幹和政績寫成奏章，然後交給武則天，正式請武則天召回狄仁傑。武則天隨即採納了婁師德的意見，召狄仁傑回京，與婁師德一同擔任宰相。

但狄仁傑並不明白自己為什麼被召回來，仍對婁師德耿耿於懷，不斷在武則天面前貶低婁師德。有一天，武則天和狄仁傑在便殿閒談，武則天有意把婁師德推薦狄仁傑的事情說了出來，並取出婁師德的薦書讓狄仁傑看。狄仁傑看罷，頓時覺得無地自容，時值深秋卻渾身直冒熱汗。

狄仁傑激動地將薦書還給武則天，自責地說：「沒想到婁公的胸懷這麼廣闊，連我全身都包涵進去了，我自嘆不如啊！」從此，狄仁傑和婁師德盡釋前嫌，攜手合作，全力輔佐武則天。

175

6、放於利而行，多怨

【出處】

　　子曰：「放於利而行，多怨。」　　　　　　　—— 里仁篇第四

【注釋】

① 放：同「仿」，仿照，依據。

【譯文】

　　孔子說：「依照私利而行事，容易招致怨恨。」

【講解】

　　青少年朋友，你們說話或做事時，不要光考慮自己，也要考慮別人，否則就會招致別人的不滿和埋怨。

　　譬如，你在跟別人講述你跟同伴做成的一件事時，如果你光提或多提自己，而不提或少提同伴，以便讓自己多得到別人的稱讚，你就會引起同伴的不滿。

　　譬如，你在與同學一起領東西時，你若擠到前面搶先領到手，你就會招致同學的埋怨。

　　這樣的事情做多了，你就會被大家視為自私自利的人，就不會得到大家的喜歡和尊敬，甚至會遭到大家的排斥和孤立。

【範例】

我們先來看一個反面的例子。

在「二十四史」中，有一部史書曾為世人所鄙視，被稱為「穢史」，它就是北齊史學家魏收修撰的《魏書》。

北齊王朝建立後，魏收奉文宣帝高洋之命，修撰《魏書》，於文宣帝天保五年（西元554年）完成。這本書記載了北魏拓跋部崛起和統治中國北部的歷史。由於書中多有對北齊統治者歌功頌德之語，同時貶抑東晉南朝政權，因而深受文宣帝高洋的賞識，並為此將其他史學家所撰寫的魏史著作通通銷毀，只准許魏收的《魏書》流傳於世。但魏收違背了修撰史書的原則，這個原則是：立場要客觀公正，採用的資料要盡量準確真實。魏收卻不是這樣，除了吹捧北齊統治者外，他還根據自己的好惡，藉修史之機酬報個人恩怨，對歷史人物任情褒貶，因而得罪了不少門閥士族。這本書剛剛問世，就惹得議論紛紛，遭到世人的強烈反對。尤其是門閥地主的子孫前後有上百人投訴，進而掀起軒然大波。最後在文宣帝高洋和宰相揚惜的干預下，北齊政府將帶頭鬧事的王松年、裴庶等人抓起來問罪流放，才強行平息了這場風波。雖然魏收迫於輿論的壓力，後來又對《魏書》做了較大修改，但長期以來，攻擊者仍將其視為「穢史」。魏收死後，連他的墳墓也被人掘開，將其屍骨拋棄於野。

我們再來看一個正面的例子。

東漢時，在京城洛陽的太學裡，有個名叫甄宇的教學博士。有一年快過年時，皇帝派人來到太學宣讀詔書：賞給太學的博士們每人一隻羊，好讓大家歡歡樂樂地過春節。

不一會兒，賞賜的羊被趕來了。大家一看，這些羊大小不等、肥瘦不一。使得管理太學的官員發愁，不知該如何分配，便與博士們一起商量解決的辦法。有人主張把羊統統宰掉，平均搭配，每人一份。有人主張用抽籤的辦法分配。七嘴

八舌地吵了老半天，仍然沒有商量出一個好辦法。

就在這時，甄宇站了起來，說：「還是一人牽一隻吧！也不用抽籤了，我先牽一隻。」說罷，甄宇就去牽羊。有人擔心：他要是把大的挑走了，剩下的給誰呀？但是，出乎大家意料，甄宇所牽走的竟是羊群裡最小、最瘦的那隻。

大家又驚訝又敬佩，甄宇以寧願自己吃虧的謙讓風格，率先做了榜樣。這下誰也不好意思再爭了，你謙我讓地各牽走一隻羊，高高興興地回家了。

這件事在京城傳開以後，人們無不誇讚甄宇，還給他取了個帶有敬意的綽號，叫「瘦羊博士」。

閱讀筆記

7、周急不繼富

【出處】

　　子曰：「吾聞之也：『君子周急不繼富』。」—— 庸也篇第六

【注釋】

① 周：周濟，救濟。

② 繼：繼續，增加。

【譯文】

　　孔子說：「我聽說：『君子救濟急需救濟的人，而不是增加富裕者的富裕程度』。」

【講解】

　　青少年朋友，無論現在還是將來長大了，你們都盡量不要和別人有財物之交，一是這種交往很低俗，二是容易引起糾紛。

　　如果你的物質條件好，而且你樂於助人，你不要幫助那些物質條件也不錯的人，因為他們不需要你的幫助，這樣的幫助沒有意義；而且，這樣的幫助連幫助也稱不上，只能算是送東西給人。

　　你們要幫助那些貧困的，特別是急需幫助的人，他們才需要，或特別需要你的幫助，這樣的幫助才有價值。

　　有句話說得好：「不要錦上添花，而要雪中送炭。」

【範例】

　　魯迅去陝西講學，一個月得了300元酬金。他除了留夠路費外，其餘的錢都捐給了經費困難的「易俗社」和照應他工友們。

　　因為魯迅覺得，他身為學者和作家，收入足以應付各種開支，將這筆錢帶回去自己享用，並無意義，倒不如送給那些急需救濟的人們。

閱讀筆記

8、無求備於一人

【出處】

　　周公謂魯公曰：「君子不施其親，不使大臣怨乎不以。故舊無大故，則不棄也。無求備於一人！」　　　　　　—— 微子篇第十八

【注釋】

① 周公：指周武王之弟姬旦，是孔子最崇敬的人。

② 魯公：指周公的兒子伯禽，封於魯，故稱魯公。

③ 施：通「弛」，怠慢，疏遠。

④ 以：用，任用。

【譯文】

　　周公對魯公說：「君子不怠慢他的親屬，不讓大臣怨恨自己不用他們。故舊親友沒什麼大的過錯，就不要拋棄他。不要苛求一個人身上具備所有的優點。」

【講解】

　　人無完人，每個人身上都有優點、都有缺點。

　　如果一個人不是很惡劣，那麼我們就要多看他的優點，這樣才能學習他的優點，並與他建立良好的關係。

　　如果我們總是挑剔他的缺點，我們就會冷漠已對，甚至敵視他，就容易與他產生衝突。

既然每個人身上都有優點、都有缺點，如果我們多看別人的優點，我們就能與很多人建立好關係，從很多人身上學到很多東西。如果我們總挑剔別人的缺點，就會與很多人產生對立，少學到許多東西。

　　再說，還是那句話：「我們身上不是也有很多缺點嗎？如果有人總是挑剔我們的缺點，我們不是也很反感嗎？」

　　己所不欲，勿施於人。

【範例】

　　戰國時期，孔子的孫子子思向衛國的君王衛慎公推薦一個叫做苟變的人，說他可以統兵500乘（37500人）。衛慎公說：「我聽說苟變做收稅官時，曾吃過百姓家的兩個雞蛋，不夠清廉，所以不可重用。」子思聽後，對衛慎公說：「明君識才如同匠人用木，取其長而棄其短，不能因短而無視長。幾抱粗的杞梓木材，雖然有幾尺腐朽，但好的木匠不是整個棄之不用，而是剔其朽用其良。用人也是這樣，不能因苟變曾吃了別人的兩個雞蛋，就棄其統率兵卒的將才而不用。」衛慎公聽子思的議論言之有理，就任用苟變為將。苟變果然是驍勇善戰的將才，為衛國立下了赫赫戰功。

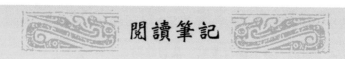

閱讀筆記

9、不以言舉人，不以人廢言

【出處】

　　子曰：「君子不以言舉人，不以人廢言。」

　　　　　　　　　　　　　　　　　—— 衛靈公篇第十五

【注釋】

① 舉：薦舉，抬舉。

② 廢：廢除，拒絕。

【譯文】

　　孔子說：「君子不會因一個人說得好就舉薦他，也不會因一個人做人不好就拒絕他的話。」

【講解】

　　言行一致、表裡如一的人是很少的，很多人的言行、表裡都是不一致的，包括許多好人。

　　我們不能因為一個人說得好就接受他、抬舉他，關鍵是要瞭解他的本質、觀察他的行為，然後決定如何對待他。

　　特別要提防那些花言巧語的人。

　　正因為言與行、表與裡往往不一致，所以我們也不能因為一個人做人不好、名聲不好而拒絕他所說的話。

最惡劣的人當屬希特勒了，但我在讀他的傳記時，對他所說的一句話印象極深：「帶著問題讀書，要比盲目地讀書有效許多。」

這句話不是很有道理嗎？我們能因為希特勒惡劣就拒絕他這句話嗎？

在與人交往中，如果做人好、為我們所尊敬的人說的話不正確、沒道理，我們就不要盲目接受；如果做人不好、為我們所反感的人說的話正確、有道理，我們也要認真聽取。

【範例】

張釋之是西漢初期的法律學家，擔任廷尉一職。一天，他陪漢文帝來到禁苑中養虎的虎圈，文帝向上林苑的次官上林尉詢問各種禽獸的數目各有多少，問了十幾次，上林尉左顧右盼，一次也回答不出來，站在一旁掌管虎圈的小吏立即代上林尉極詳盡地答出各種禽獸的數目。皇帝對這個小吏產生了興趣，想考驗考驗他的才能，便提出許多問題，這個小吏口齒伶俐，對答如流。文帝大悅，命令張釋之提升此小吏為上林苑主官。

張釋之考慮了一下，上前對文帝說：「陛下以為絳侯周勃為人如何。」文帝說：「是個忠厚老成的好人！」張釋之又問：「東陽侯張相如是個什麼樣的人呢？」文帝又答：「忠厚老成的人。」張釋之接過話頭說：「絳侯周勃、東陽侯張相如以忠厚老成著稱，然而這兩個人談論起事情來，都口齒笨拙，很少開口。哪像這個小吏滔滔不絕、伶牙俐嘴呀！秦王朝重用的文人、法吏，一個比一個苛刻、激進，只是空談而不務實際，皇帝聽不到對朝政過失的批評，使國家走上土崩瓦解的末路。現在陛下因小吏能言善道便提拔他，我只怕天下人爭相效仿，都去練習口辯之術而無真才實能。請陛下慎重考慮。」漢文帝接受了張釋之的意見，沒給小吏升官。

小吏善於辭令，反應敏捷，但張釋之並不認為他是個人才，更反對因此破格提拔，文帝的這一任命雖然是一個小小的任命，但他擔心因此而會鼓勵人們「爭為辯而無其實」，影響整個社會的風氣。

閱讀筆記

孔子談交友

孔子將朋友分為兩種：益友和損友。交上益友，會在做人、學習及生活等方面對你有很大幫助；而交上損友，則會在以上各方面給你帶來很大損害，甚至會使你誤入歧途，因而選擇跟什麼樣的人交友非常重要。

人不可無友，但更不可有損友，而必須交益友。

對於容易受他人影響的青少年朋友來說，更不能交損友，而需要交益友。

1、友直，友諒，友多聞，益矣

【出處】

孔子曰：「益者三友，損者三友。友直，友諒，友多聞，益矣。友便辟，友善柔，友便佞，損矣。」 —— 季氏篇第十六

【注釋】

① 益者：有益的。

② 損者：有害的。

③ 友：做動詞用，「與……交友」的意思。後幾個「友」字義同。

④ 諒：誠信，誠實。

⑤ 便辟：便，習熟；辟，儀表；便辟，善於裝模作樣，與「正直」相對。

⑥ 善柔：善於裝出柔和的樣子，虛情假意，與「誠實」相對。

⑦ 便佞（ㄋㄧㄥˋ）：佞，誇誇其談，不懂裝懂；便佞，善於這樣做，與真正的「多聞」相對。

【譯文】

孔子說：「有益的朋友有三種，有害的朋友有三種。與正直的人交朋友，與誠信的人交朋友，與見聞廣博的人交朋友，是有益的。與裝模作樣的人交朋友，與虛情假意的人交朋友，與誇誇其談、不懂裝懂的人交朋友，是有害的。」

【講解】

善哉，孔子！短短幾句話就向我們說明了該交什麼樣的朋友，不該交什麼樣的朋友。

而明朝著名宰相張居正對這番話的講解也非常精彩，我們不妨對照一下：

與直者為友，則可以攻我之過失，而日進於善矣；與諒者為友，則可以消吾之邪妄，而日進於誠矣；與多聞為友，則可以廣吾之識見，而日進於明矣，豈不有益於我乎？所以說益者三友。

與便辟為友，則無聞過之益，久之將日馳於浮蕩矣；與善柔為友，則無長善之益，久之將日流於汙下矣；與便佞為友，則無多聞之益，久之將日淪於寡陋矣，豈不有損於我乎？所以說損者三友。

將這段話翻譯成白話，大體是：

與正直的人交朋友，他會即時指出我的過失，使我的品行日益完善；與誠實的人交朋友，他可以消除我邪妄的念頭，使我日漸誠實；與見聞廣博的人交朋友，他可以幫我增長見識，使我對事物的瞭解日漸明透，所以與這三種人交朋友是有益的。

而與裝模作樣的人交朋友，我不但得不到聽他指出我過錯的益處，與他交往久了，我反而會逐漸變得輕浮、浪蕩起來；與虛情假意的人交朋友，我不但不會得到讓他幫我提升品德的益處，與他交往久了，我反而會逐漸變得人品低下起來；與誇誇其談、不懂裝懂的人交朋友，我不但不會得到增長見聞的益處，與他交往久了，我反而會逐漸變得孤陋寡聞起來，所以與這三種人交朋友是有害的。

【範例】

北宋學者陸佃雖然是王安石的學生，但他之於王安石，卻超出了師生關係，達到了亦師亦友的程度。

陸佃早年曾師從王安石學習經書。他讀習非常刻苦，晚上點不起油燈，就藉助月光和別人家的燈光讀書。王安石當了宰相後，權力很大，許多人都千方百計和他套交情，以求得到他的任用或提拔，可是陸佃卻像往常一樣對待老師。有一次他去看望正在推行新法的王安石，王安石問他對新政的看法如何？陸佃如實報告老師：新政好是好，可是在執行中出現許多問題，引起民眾不滿。後來，王安石變法失敗，朝廷清除王安石一黨，許多曾與王安石有關係的人都推卸責任，迴避與王安石的一切交往。陸佃卻仍不忘師生情，時常去看望王安石。王安石去世時，他特地做道場哭祭老師。在參與編撰《神宗實錄》時，他堅持肯定王安石的成就和貢獻。

閱讀筆記

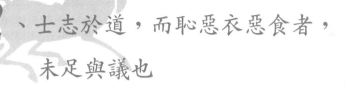

2、士志於道，而恥惡衣惡食者，未足與議也

【出處】

　　子曰：「士志於道，而恥惡衣惡食者，未足與議也。」

　　　　　　　　　　　　　　　　　　　── 里仁篇第四

【注釋】

① 士：讀書人。

② 惡：差的，不好的。

③ 未足：不值得。

④ 議：交談，交往。

【譯文】

　　孔子說：「讀書人應當立志於追求大道理、大學問，而那些以穿得不好、吃得不好為恥的人，是不值得跟他們交往的。」

【講解】

　　孔子又指出了一種不可交的人：恥惡衣惡食的人。

　　青少年朋友，你們也是讀書人，你們應該追求學習佳、品行好。

　　如果有人以學習不夠佳、品行不夠好為恥，那麼他們就是有上進心的人。跟他們交往，既能學到他們的上進心，又能與他們交流如何上進的方法，使你與他

們一起進步。

如果有人以穿得不夠好、吃得不夠好為恥，那麼他們就老想著吃好穿好，跟父母要吃要穿，跟別人比吃比穿，他們還有什麼心思追求學習佳、品行好，他們還能有什麼出息呢？跟這樣的人交往，會使你染上他們的壞毛病，會使你不但不能進步，反而逐漸退步。

所以，要跟前一種人交往，不要跟後一種人交往。

更重要的是，你們自己不要做後一種人，否則即使自己難以有出息，還會讓有出息的人不屑與你們交往。

【範例】

宋朝有個人名叫李撰，字子約。著名文學家曾鞏的弟弟曾文肅在河北真定任職時，李撰在他手下擔任一名小官。由於官職小、收入低，李撰家的生活很拮据。但他為人正派，教子有方。

有一次，曾文肅的夫人請客，李撰一家在受邀之列。有個姓宋的武官，擔任點刑獄官，也帶著一家人赴宴。宋武官的妻子衣著華麗，佩戴著金玉首飾，非常搶眼。而李撰的妻子穿的是舊衣服，也沒有什麼裝飾。

再看兩家的孩子：宋武官的孩子打扮得很漂亮，並且嘴巧口甜；而李撰的孩子不但穿得寒酸，還好像有些笨拙。參加宴會的人都稱讚宋武官的孩子，譏笑李撰的孩子。但當曾夫人拿詩書上的內容考問兩家孩子時，李家的孩子都對答如流，宋家的孩子卻一個個傻了眼。事後曾夫人評議說：「李先生雖然目前貧寒，但他的孩子個個都很優秀，將來一定有前途。宋武官的孩子，雖外表光鮮，卻腹笥甚窘，我看將來只能是為人跑腿的料。」

果不其然，後來李撰的五個兒子中，有四個參加科舉考試被錄取，其中三人做到侍從的官職，兩人為郎官；而宋武官的兒子中，只有一個做了官，還是一個為殿廷看守傳呼的小武官。

3、道不同，不相為謀

【出處】

子曰：「道不同，不相為謀。」　　　　── 衛靈公篇第十五

【譯文】

孔子說：「追求的目標不一樣，就不要在一起謀事。」

【講解】

不要在一起謀事，就是不要相互交朋友。

我們接著上面那段話講解這段話：

如果你追求學習佳、品行好，你就要跟與你有同樣追求的人交朋友。由於追求一樣，共同語言就多，關係會日漸密切。尤其是可以相互交流，相互鞭策，共同進步。

如果你跟追求吃得好、穿得好的人交朋友，由於追求不一樣，往往你看不慣他、他看不慣你，容易發生衝突。如果你染上他的壞毛病，你就會逐漸喪失你的上進心，跟他一樣也追求起吃好、穿好來。所以，跟這樣的人交朋友是很有害的。

【範例】

「道不同，不相為謀」這句話最容易讓人想起的是東漢時期一個叫管寧的人。

管寧是三國時學者，字幼安，北海朱虛（今山東臨朐東）人，是春秋時期著名政治家管仲的後代，以操守淡泊著稱。

　　管寧少年時就很好學，並結交了幾個後來很著名的學友，一個叫華歆，一個叫邴原，三個人很要好，又都很出色，所以當時的人把他們比喻為一條龍：華歆是龍頭，邴原是龍腹，管寧是龍尾。他們最尊敬的人是當時著名的大學者陳仲弓，陳仲弓的學識、行為成了他們的追求目標。當初他們求學的時候，常常是一邊讀書，一邊工作。有一天，華歆、管寧兩人在園中鋤草，說來也巧，菜田裡竟有一塊前人埋藏的黃金，鋤著鋤著，黃金就被管寧的鋤頭翻攪出來了。華歆、管寧他們平時讀書養性，就是要摒除人性中的貪念，見了意外的財物不能動心，平時也以此相標榜。管寧見了黃金，就把它當作磚石土塊，用鋤頭撥到一旁。華歆在後邊鋤，過了一會兒也看見了，明知道這東西不該拿，但忍不住，還是拿起來看了看才扔掉。過了幾天，兩人正在屋裡讀書，外面街上有達官貴人經過，乘著華麗的車馬，敲鑼打鼓的，很熱鬧。管寧還是和沒聽見一樣，繼續認真讀他的書。華歆卻坐不住了，跑到門口觀看，對達官貴人的威儀欽羨不已。車馬過去之後，華歆回到屋裡，管寧拿了一把刀子，將兩人同坐的席子從中間割開，說：「你呀！不配再做我的朋友啦！」

　　從此以後，兩個年輕的朋友便分道揚鑣了，管寧潛心讀書，成為德高望重的學者；華歆卻一頭栽進名利場中，先事孫權，後投曹操，趨炎附勢，不擇手段，為幫助曹氏父子排除政敵充當打手。華歆曾經帶領五百甲兵入宮捉拿伏皇后。曹丕廢獻帝自立時，華歆更為活躍，他按劍指著漢獻帝厲聲斥責，並將其趕出京城。後來華歆官拜司寇，終於達到了青雲直上的目的，但是卻一直為世人所不齒。

4、里仁為美

【出處】

子曰：「里仁為美。擇不處仁，焉得知？」 —— 里仁篇第四

【注釋】

① 里：古代行政單位中最低的一級。「里」這個字用得很形象，大概一平方華里左右為一「里」吧！「里」在此指住的地方。

② 焉：怎麼，哪能。

【譯文】

孔子說：「居住的地方風氣良好是很美的事。選擇的住處不是這樣，不是處在良好的風氣中，怎麼能學到好東西呢？」

【講解】

有的青少年朋友會說，我們是小孩子，不能選擇住的地方；再說，雖然爸爸媽媽能選擇住的地方，但也不能說搬就搬啊！

青少年朋友說的確實是實際情況，但選擇住的地方只是手段，目的是選擇能讓我們學到好東西、能讓我們學好的人，我們不能透過選擇住的地方達到這個目的，但可以透過別的方式達到這個目的。

無論在校內還是在校外，都既有能幫我們學好的人，也有能讓我們學壞的人，我們要選擇跟前一種人交往，絕不能跟後一種人交往。

如果你跟愛學習的人交往，久了你也會變得愛學習；如果你跟不愛學習的人交往，久了你也會變得不愛學習。如果你跟遵守公德的人交往，久了你也會變得遵守公德；如果你跟不遵守公德的人交往，久了你也會變得不遵守公德。

　　很多好孩子變壞，就是因為交了壞朋友，輕則染上一些壞習慣，中則荒廢學業，重則還會走上犯罪的道路。

　　青少年朋友，交友一定要慎重啊！

【範例】

　　孟軻幼年喪父，由母親獨自撫育。孟母靠替人家紡紗織布維持生計，母子倆過著清貧的生活。即使在這樣的條件下，孟母也從來沒有放鬆對兒子的教育，為了使兒子有一個良好的學習環境，她搬了三次家。

　　孟軻（ㄎㄜ）幼年時，他家住在鄹村（今屬曲阜）的一片墓地附近，他經常和小夥伴們去看出殯埋葬死人。回村後，還和青少年朋友們一起堆土墳，學打幡、抱罐，並學死者親屬的各種哭法，有的悲切悽楚，感天動地；有的明哭暗笑，掩人耳目；有的幸災樂禍，假情假意。孟母看到這種情況，感到在此居住下去對孩子成長極為不利，於是搬到鄰國都城中心去住。沒想到新居靠近市集，孟軻經常到市集去玩，他聽到的是各種叫賣聲，看到的是行商坐賈競相牟利的各種行徑，慢慢地也羨慕起做買賣、賺大錢的人來。他經常和小夥伴們玩做生意耍花招的遊戲，看誰騙了誰。

　　孟母目睹兒子的行為，擔心兒子學壞，終日吃不好、睡不穩。她覺得在這樣的環境裡生活下去，兒子必然會變成一個見錢眼開、唯利是圖的人。孟母感嘆地說：「這也不是我兒應住的地方啊！」於是孟母決定再一次搬家。

　　孟母經過選擇，把家搬到一所學校附近。這裡環境幽靜，經常聽到朗朗的讀

書聲，看到師生們彬彬有禮的舉止。這裡的環境使孟軻產生了學習的興趣。看到這些，孟母滿意地說：「這才是我們居住的好地方。」從此，孟家便在這裡安居下來。

　　孟軻到了新的學習環境，進步很快。從此，他專心讀書，持之以恆，終於成了中國歷史上一位傑出的思想家、教育家。

 閱讀筆記

5、愛之，能勿勞乎？忠焉，能勿誨乎？

【出處】

子曰：「愛之，能勿勞乎？忠焉，能勿誨乎？」

—— 憲問篇第十四

【譯文】

孔子說：「愛朋友，能不為他付出辛苦嗎？忠於朋友，能不勸告教誨他嗎？」

【講解】

青少年朋友，你是不是真愛你的朋友，並不是表現在口頭上，也不是表現在平時，而是表現在行動上，表現在你的朋友需要幫助的時候。當朋友遇到困難時，你要用實際行動去幫助他，這才是真正愛朋友。如果你袖手旁觀，甚至在朋友求助你時你還拒絕，怎麼能說你是真正愛朋友呢？

如果你真正忠於你的朋友，那麼當你看到朋友犯了錯時，你要向他指出來，幫他改正錯誤；當你看到朋友將要做不該做的事時，你要盡力勸阻他，這樣才是真正忠於朋友。如果你不指出來、不勸阻他，甚至幸災樂禍，怎麼能說你是真正忠於朋友呢？

你這樣做，既對不起朋友，也對不起自己的良知。

如果你不是真正愛朋友、真正忠於朋友，怎麼能讓朋友真正愛你、真正忠於你呢？又有誰願意交你這樣的「朋友」呢？

【範例】

我們先來看一個「愛之，能勿勞乎」的例子。

荀巨伯是東漢時期的人，有一天，他收到急信，說一位朋友得了重病。雖然與朋友相隔千里，但他馬上動身前去探望。他一路趕了好幾天，就在快要到達朋友所住的縣城時，卻聽說這個縣城已被胡人團團圍住了。他冒著危險潛入城中找到朋友，朋友感動地對他說：「謝謝你在這個時候還來看我。現在城已被胡人團團圍住了，看樣子是守不住了。我是一個快死的人，城破不破對我來說無關緊要。見你一面我已非常高興了，你趁現在還能想辦法，趕緊逃命吧！」荀巨伯立刻說：「你這是什麼話！朋友有難同當，現在大難臨頭，你卻要我扔下你不管，自己逃命，我怎麼能做這種對不起朋友的事？」

胡人很快攻破了城，一路打進來，挨戶搜索，只見家家戶戶凌亂不堪，人全逃走，卻有一院井然。於是進去，見到了安坐的荀巨伯。他們用刀指著荀巨伯，威風凜凜地說：「我們大軍所向披靡，你是何人，竟敢不聞風而逃，難道想找死不成？」荀巨伯毫無懼色，平靜地說：「你們誤會了。我並不是這個城裡的人，我到這裡只是來看望一個生病的朋友。現在我的朋友已危在旦夕，我不能因為你們來了就丟下他不管。你們如果要殺的話，就殺我吧！不要動我這位已無法自救的朋友。」眾胡人聽了，都驚訝得說不出話來。半晌，一位首領看了看手中的大刀，說道：「看來，我們是一群根本不懂得道義的人。像我們這樣的人，怎麼能征服這樣一個崇尚道義的國家裡呢？撤兵吧！」胡人因此撤退，整座縣城得以保全。

我們再來看一個「忠焉，能勿誨乎」的例子。

吳起是戰國時期著名的軍事家，曾在魏國當大將。有一天，魏國國王魏武侯與大臣們商談事情，發現自己比大臣們都高明，高興得喜形於色。

吳起一邊看著，一邊思忖著如何向魏武侯進忠言。

眾人走後，吳起一人留下來，叫住魏武侯，對他說道：「君王可聽說過楚莊王憂政的故事嗎？」

　　「沒有。它是怎麼說的？」

　　「楚莊王曾在朝中與大臣們議事，發現他們都不如自己，退朝之後，顯得十分憂慮。公申巫見此上前問道：『君王議政順利，為何不高興，反而憂心忡忡？』莊王回道：『寡人在朝中議政，無人能比我高明，使我擔憂啊！』湯左相仲虺曾說過：『諸侯能得到導師的，可以成為王者；能得到朋友的，可以成為霸者；能得到人輔佐的，可以成為存者；而自以為謀劃能力超出眾人的，將成為亡者。』寡人已經不才，而眾臣還不如我，我們這個國家要滅亡了，我能不憂慮嗎？」

　　魏武侯聽罷，甚感愧疚，吳起真不愧是先王招來的賢能之人，他這是即時給我忠告啊！他感慨地站起來，向吳起連連拱手，說：「這是上天指使先生救治寡人的過失啊！」

閱讀筆記

6、忠告而善道之，不可則止，毋自辱焉

【出處】

子貢問友。子曰：「忠告而善道之，不可則止，毋自辱焉。」

—— 顏淵篇第十二

【注釋】

① 道：通「導」，引導，開導。

② 毋：不要。

③ 自辱：自取其辱。

【譯文】

子貢問怎樣對待朋友。孔子說：「看到朋友做得不對，你要向他提出忠告，盡可能地開導他，他不聽就作罷，不要自取其辱。」

【講解】

朋友不聽你的勸告，有多種原因：1、他這樣做，有不便告訴你的緣由；2、他認為你說得不對；3、他知道自己錯了，但礙於面子，不肯認錯。

若是第三種情況，無須你再多說，他會悄悄改變他的做法。但無論哪種情況，如果你嘮嘮叨叨地說個沒完，肯定惹得他心煩，向你擺臉色，甚至對你發火，所以，你說到一定程度就不要再說了，免得自取其辱。

但在特別嚴重的情況下，可以採取激進的做法阻止朋友，以免朋友犯大錯、

吃大虧。

　　但請記住：在特別嚴重的情況下才這樣做，在一般情況下就要適可而止；否則不但勸不成朋友，還會惹惱朋友、失去朋友。

【範例】

　　戰國時期，楚懷王昏庸無道，致使國力日衰。屈原勸諫不成，異常悲憤，遂投汨羅江而死。後來楚懷王淪為秦國的囚徒，他死後，其子襄王即位。

　　可悲的是，襄王和他的父親一樣，也是一個貪圖享樂、重用奸臣的昏君。他不但不發憤圖強，為父報仇，並且對仍虎視眈眈盯著楚國的秦國不加提防。大臣莊辛屢次勸諫，襄王都無動於衷。這天莊辛終於忍不住了，對襄王大聲疾呼道：「大王，您整天和州侯、夏侯、鄢陵君、壽陵君四個小人在一起鬼混，吃喝玩樂，不操心國家大事。照這樣下去，只怕楚國的都城究竟還能保全多久，也快成問題了！」襄王不但不聽，反而譏笑莊辛老糊塗，故意聳人聽聞。莊辛說：「既然您不聽我的勸告，就讓我到趙國去，看我的話會不會變為事實。」

　　五個月後，正如莊辛所預料的，秦國果然出兵入侵楚國，接連佔領了許多城池，最後又佔領了楚都。襄王流亡到城陽，這才相信了莊辛的話。於是，他派人到趙國把莊辛請回來，懇切地說：「過去我沒有聽先生的話，結果落到這步田地，請求您指點明路吧！」莊辛見襄王確有悔過之意，便繼續輔佐他。

　　莊辛是很明智的，因而沒有落得像屈原那樣的悲慘結局。但另有一人，比屈原還要不幸。

　　殷紂王是商朝的末代帝王，也是中國歷史上有名的暴君。他不理朝政，整天沉湎於酒色，過著荒淫無恥的生活，並對陰險毒辣的寵妃妲己言聽計從。

　　大臣比干既是紂王的叔叔，又是一位忠臣。他看到紂王如此昏庸，心中十分

著急，多次苦口婆心地勸諫紂王改邪歸正，好好治理國家。

有一次，紂王聽信妲己的話，下令殺害了無辜的梅伯，並要把梅伯剁成肉醬。比干知道此事後，急忙進宮勸諫紂王，希望他不要聽信妲己的讒言，並說再這樣濫殺無辜是會亡國的。

比干一連幾天勸諫紂王，惹得紂王勃然大怒，最後凶巴巴地盯著比干說道：「我早就聽說你的心比別人多一竅，我要取出來看看是不是真的！」

紂王果真殺了比干，並挖出了他的心。

 閱讀筆記

7、朋友數，斯疏矣

【出處】

子游曰：「事君數，斯辱矣；朋友數，斯疏矣。」

—— 里仁篇第四

【注釋】

① 子游（西元前506年～？）：姓言，名偃，字子游。春秋時吳國人，孔子的
　　著名弟子，與子夏、子張齊名，後人往往把他與子夏合稱為「游夏」。子游
　　小孔子45歲，是孔子後期學生中的佼佼者，被孔子許為其「文學科」的高材
　　生。

② 事：事奉。

③ 數：屢次，多次。

④ 斯：副詞，就。

⑤ 朋：做動詞用，意為「與……交往」。

⑥ 疏：疏遠。

【譯文】

　　子游說：「事奉君主太瑣碎，就會招致侮辱；與朋友來往太頻繁，就會被疏
遠。」

【講解】

為君主做事，如果什麼事都不向他請示，他就會認為你目中無他，就會懲辦你；但如果你大小事都向他請示，他就會心煩，就會對你發火 —— 你這不是自取其辱嗎？

與朋友相交，不常來往，會導致關係疏遠，這我們很好理解；但來往頻繁，也會導致關係疏遠，這又是為什麼呢？

無論什麼事情、什麼東西，接受太多了，都會讓人厭煩；烤鴨好吃，但天天吃也會讓人厭煩；晴天舒服，但天天是晴天也會讓人厭煩。

同樣，與朋友有一段時間沒見面，你去找他，他會很高興地接待你。如果你有事沒事老往他那裡跑，他就會厭煩，煩到一定程度，你們不就疏遠了嗎？

這就涉及到「尺度」的問題，關於此，我們在「孔子談說與做」篇的「過猶不及」一節再談。

【範例】

上世紀20年代，梁思成因為父親梁啟超與林長民是好友，認識了林的長女林徽因。兩人互生好感，成為戀人。

梁思成和林徽因每週都在北海公園內的松坡圖書館約會。而著名詩人徐志摩早在歐洲留學時就愛上了林徽因，回國後一直在追求她。梁思成和林徽因兩人在松坡圖書館約會時，徐志摩經常前去充當不受歡迎的第三者。

連續幾次都這樣，梁思成不勝其煩，便關上大門，並在大門上貼了一張字條，上面寫著：「Lovers want to be left alone。」（情人不願受打擾）

徐志摩見了，只得怏怏而去，從此才放棄了對林徽因的追求。

8、以文會友，以友輔仁

【出處】

　　曾子曰：「君子以文會友，以友輔仁。」　　—— 顏淵篇第十二

【譯文】

　　曾子說：「君子用文章與朋友交往，靠朋友培養自己的仁德。」

【講解】

　　關於「以文會友」：學習學到一定程度，就可以寫文章了。文章寫得怎麼樣，最能反映你學得怎麼樣。拿著去找朋友看看，朋友指出的長處，你要加以發揚；朋友指出的短處，你要加以改正。同時你也看看朋友的文章，學習其長處，以其短處為戒。

　　若看到精彩的文章或無法理解的文章，便拿給朋友看看，「奇文共欣賞，疑義相與析」。

　　這樣的交往不是很有益的嗎？

　　關於「以友輔仁」：像前面說的，「正直的朋友會即時指出我的過失，使我的品行日益完善；誠實的朋友可以消除我邪妄的念頭，使我日漸誠實；見聞廣博的朋友可以幫我增長見識，使我對事物的瞭解日漸明透」，這樣的朋友不是都能幫助我培養品德嗎？

　　青少年朋友，你們看，選對了朋友，是多麼讓人受益啊！

【範例】

　　賀知章（西元659年～西元744年）是唐朝一位著名詩人，他比李白（西元701年～西元762年）大42歲，但兩人卻是一對典型的「忘年交」。

　　李白初到長安時，由於人地生疏，雖有滿腹詩才卻無人賞識。有人勸他去找時任秘書監的賀知章。賀知章當時已譽滿天下，他為人熱情，樂於提攜後進，因此不少年輕文人都投拜在他的門下，求他推薦。對賀知章的文名詩才，李白在四川時就已有所耳聞，但一想到賀知章官大名重，自己是晚輩，又素不相識，不免擔心賀知章會不會接待自己。於是，他帶著詩稿，懷著試一試的心情去拜謁賀知章。

　　賓主坐定後，李白恭恭敬敬地呈上自己詩卷。賀知章接過來翻閱著，起初並未在意，忽然，他翻到了《蜀道難》這首詩：「噫籲嚱，危乎高哉！蜀道之難，難於上青天！」他頓時瞪大了眼睛，想不到這位年輕人竟能寫出如此雄奇瑰麗的句子！他激動得手捧詩卷站了起來，繼續唸道：「……西當太白有鳥道，可以橫絕峨嵋巔，地崩山摧壯士死，然後天梯石棧相鉤連。」這時他再也忍不住激動的心情，連連稱讚：「妙，絕妙！」賀知章放下詩卷，對李白端詳了好一會兒，說：「此詩絕非尋常人能寫出，公真乃『謫仙人』也」。

　　兩人越談越投機，李白要告辭時，賀知章執意不肯，硬拉他到一家酒樓飲酒。並一直飲到太陽快要下山。兩人起身要走時，才發覺由於來得匆忙，都忘了帶錢。賀知章就解下隨身佩帶的金龜當作酒錢。店家見是常來喝酒的「賀秘書監」，這金龜又是皇上所賜之物，拒不肯收。但賀知章不願欠帳，堅持要留下金龜，這使李白大受感動。李白從內心感激賀知章對自己的誠摯接待，更感激賀知章對自己才華的賞識。

　　之後，賀知章不遺餘力地推薦李白，使李白的詩迅速在京城流傳開來，讀到

的人無不稱奇道好。由於賀知章的誇讚，李白也贏得了「謫仙」、「詩仙」的雅號。

與此同時，兩人的友誼也越來越深，時常聚在一起飲酒賦詩，互相唱和。他們的交往，被傳為中國文學史上的一段佳話。

閱讀筆記

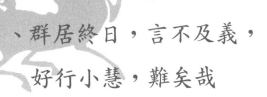

9、群居終日，言不及義，好行小慧，難矣哉

【出處】

　　子曰：「群居終日，言不及義，好行小慧，難矣哉！」

　　　　　　　　　　　　　　　── 衛靈公篇第十五

【注釋】

① 義：該說的，該做的，正當的。

② 小慧：小聰明。

【譯文】

　　孔子說；「一群朋友在一起聚上一整天，卻不談一點正當的事情，只是喜歡耍小聰明，也真不容易啊！」

【講解】

　　所謂耍小聰明，是指說個笑話逗大家開心，或耍寶捉弄一下別人…等等。適當地說說笑話、開開玩笑，可以調劑調劑精神、活躍活躍氣氛，但這只相當於吃飯時的佐料，而不是主食；若拿這個當主食，豈不把人的身體吃壞了！

　　在一起聚上一整天，卻不做一點正當的事情、不談一點正當的話題，只是相互耍小聰明，這樣的人想要有出息是很難的呀！

　　跟他們在一起，既浪費了寶貴的時間，又學不到好東西。

所以，青少年朋友，你們不要涉及這樣的圈子，更不能喜歡這樣的圈子。

【範例】

以下這個事例雖然不是關於談話的，而是關於寫文章的，但同樣體現了孔子反對「言不及義」的宗旨。

南北朝時，文人們寫文章多注重文采華麗不華麗，而不注重內容實際不實際，這種風氣又延續到隋朝。當時李諤在隋文帝楊堅手下擔任治書侍御史，他很有辯才，文章也寫得很好。他對這種文風非常不滿，決定給隋文帝寫份奏章，希望透過發佈政令來改變文風。主意打定，他就動手寫起來。

恰好隋文帝楊堅也正為此事苦惱著，他在審閱大臣們的奏章時，見篇篇都只是賣弄詞藻，很少涉及實際問題。他暗暗思忖；南朝政治的腐敗必定跟這浮誇的文風有關，這是誤國的一大根源呀！

有一天，他看到泗州刺史司馬幼之呈上來的奏章又是這樣一篇臭文章，不禁勃然大怒，立即下令：「把泗州刺史司馬幼之撤職問罪。」

這時，李諤已將一份名為「請正文體書」的奏章寫好，並馬上呈給隋文帝。隋文帝一邊審閱李諤的奏章，一邊不住地點頭。當看到「連篇累牘，不出月露之形；積案盈箱，唯是風雲之狀」時，不禁拍案稱好：李諤說得對呀！現在的一篇篇奏章，一卷卷案宗，寫來寫去，都離不開吟風弄月，真是又長又累贅。這樣下去，世俗無論貴賤賢愚，都去吟詠風花雪月，崇尚綺麗文風，追逐功名利祿，可怎麼得了哇！於是他下令說：「把李諤的奏章頒示天下。如以後交上來的奏章再空洞無物，一定嚴加追究。」

李諤的奏章一發佈，朝廷上的文風立即有了改變，並帶動著社會上的文風也好轉起來。

10、匿怨而友其人，
左丘明恥之，丘亦恥之

【出處】

　　子曰：「巧言、令色、足恭，左丘明恥之，丘亦恥之。匿怨而友其人，左丘明恥之，丘亦恥之。」　　　　　　　　　—— 公冶長篇第五

【注釋】

① 恭：過分恭維，曲意逢迎。

② 左丘明：春秋時魯國人，相傳為《左傳》、《國語》的作者。

③ 恥：形容詞，意動用法，以……為恥。

④ 匿：隱藏。

⑤ 友：做動詞用，與……為友。

【譯文】

　　孔子說：「花言巧語，假裝和善，曲意逢迎，左丘明認為可恥，我孔丘也認為可恥。隱藏起對某人的不滿而與他交朋友，左丘明認為可恥，我孔丘也認為可恥。」

【講解】

　　青少年朋友，我們已在「孔子談知人」篇中講過「巧言令色」，「足恭」的意思與其差不多，在此我們談談「匿怨而友其人」。

朋友相交，最重要的是以誠相待，這對朋友雙方都非常有益。

但往往有這樣的朋友，雖然表面上稱兄道弟、十分親熱，而內心卻是你對我不滿、我對你不滿，這就是人們常說的「皮面之交」。他們這樣做，無非是為了相互利用，有利可圖時親如一家，無利可圖時就做鳥獸散，更別提相互幫忙解決困難了。

這樣的交友之道，左丘明恥之，孔子恥之，我們也恥之。

【範例】

三國時，著名文學家嵇康在魏國為官。當時司馬氏家族的勢力日益強大，嵇康由於與魏宗室有姻親關係，不肯投靠司馬氏，為司馬昭所記恨。山濤與嵇康是好朋友，他們都是竹林七賢裡的人物。山濤本來擔任選曹郎，由於投靠了司馬昭，被升為散騎常侍。他明知嵇康與司馬氏的關係，卻推薦嵇康接替他的選曹郎位置，這分明有代司馬昭收買嵇康的意思。嵇康對他的這一做法非常不滿，故作書拒絕，並因此與山濤絕交。他這封書信的題目就叫「與山巨源絕交書」。

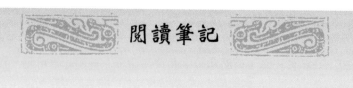

閱讀筆記

II、有朋自遠方來，不亦樂乎？

（【出處】、【注釋】和【譯文】請見「孔子談學習」篇「學而時習之，不亦說乎」一節。）

【講解】

同處一個地方的朋友，在知識、觀念及學習方法等方面都有很大的相似性，如果有個遠方的朋友來到，他會向你介紹許多他那裡的情況，對於你增長知識、更新觀念和改進學習方法都非常有益 —— 這不是很讓人高興的事嗎？

青少年朋友，想要學習佳，一方面要努力用功，一方面要注重交流。關於交流，不但要請進來，即請遠方的朋友來介紹情況，還要走出去，即到外面去結識新朋友，向他們學習有用的東西。

中國古代的讀書人就很注重出門訪師問友。

但一則，依你們現在所處的年齡，還是以努力用功、就近跟身邊的朋友交流為主，隨著年齡增長，再逐漸給自己增加外出訪師問友的機會。

二則，結交朋友時，一定要選那些能幫自己進步的朋友，而絕不能選那些使自己退步的「朋友」。

【範例】

東漢時期，汝南郡的張劭與山陽郡的范式一起到京城讀書。同窗數載，兩人建立了深厚的友情。學業結束，臨分手時，兩人都有些依依不捨。范式拉著張劭的手說：「張兄莫需難過，兩年後的秋天，我一定去你家拜望老人家，與你再

聚。」

　　草木轉枯，籬菊怒放，兩年後的秋天轉眼就要到了。張劭對母親說：「媽媽，范式快要來了，您準備準備吧！」「傻孩子，山陽郡離這裡一千多里，范式兩年前說過的話，現在就是還記得也來不了啊！」張劭說：「媽媽，您不瞭解范式，他可是個極守信用的人，一定會來。」沒過幾天，范式果然風塵僕僕地趕來了。舊友重逢，異常親熱。張劭的母親激動地直擦眼淚，感嘆地說：「天下真有這麼講信用的朋友！」

　　范式給張劭既帶來了重逢的喜悅，更帶來了對朋友的忠誠。

閱讀筆記

孔子談說與做

有人說：「人生在世，吃穿二字。」這未免太低俗。我們吃也好、穿也好，甚至喝也好、睡也好，都是為了維持我們生命的存在。維持我們生命存在的目的，則是為了進行我們生命的活動，而我們生命活動中的最主要的兩項就是「說」與「做」，因而應該說：「人生在世，說做二字。」

許多青少年朋友都有這樣的苦惱：我怎麼老是說不好呢？我怎麼老是做不好呢？其實，不僅是你們，連我們許多成人都有這樣的苦惱。

現在，就讓我們一起來聆聽孔子是如何談說與做的。

1、辭達而已矣

【出處】

　　子曰：「辭達而已矣。」

　　　　　　　　　　　　　　　　　　—— 衛靈公篇第十五

【譯文】

　　孔子說：「言辭，只要能明白表達意思就行了。」

【講解】

　　說話，只要把想說的事情說明白就行了。不要誇張，不要囉嗦，更不要編造。

　　這一點同樣適用於寫作文，只要把要描述的事物描述清楚就行了，不要追求辭藻華麗，不要囉裡囉嗦，更不要說些別人看不懂、自己也看不懂的話。

　　說話、寫東西，都要力求簡潔明瞭。

【範例】

　　宋朝文人宋祁寫文章有個不好的習慣，愛用冷僻的字眼。比如「蓬在麻中，不扶而直」這樣好懂的句子，他偏要寫成 「蓬在麻中，不扶而挺」。如此一來，本來好懂的句子也變得不好懂了。

　　當時，歐陽修正與宋祁等人一同修撰《新唐書》，他對宋祁的這種習慣非常不滿，很想提醒宋祁。但宋祁比歐陽修大近十歲，歐陽修不便直接告訴他，就尋思著勸說的辦法。

　　這天，歐陽修去宋祁家拜訪，恰巧宋祁不在。他靈機一動，便在門上寫了八個字：「宵寐匪貞，紮闥洪休。」隨後就躲到一旁。

　　一會兒工夫，宋祁回來了，瞧見門上的字，十分生氣，問僕人：「這是誰寫的？」「啊，我寫的！」歐陽修走過來說，「抱歉抱歉，把您家的門弄髒了。」宋祁見是歐陽修，轉怒為笑，說：「永叔先生來了，失迎，失迎。」他本是個愛用冷僻字眼的老手，可是望著門上的字也愣住了，問：「這寫的是什麼意思呢？」「怎麼，您還看不懂？」歐陽修笑著說，「這八個字不就是『夜夢不祥，題門大吉』的意思嗎！」

　　宋祁頓時明白了，苦笑地說：「你直接寫『夜夢不祥，題門大吉』不就結了，何苦用這種冷僻的字眼呢？」歐陽修哈哈大笑，說：「這就是您修撰《新唐書》的手法呀！『迅雷不及掩耳』多好懂啊！您為什麼偏要寫『震雷無暇掩聰』呢？這樣寫出的史書誰能讀得懂呢？」

　　宋祁聽了，認為歐陽修說得非常有理，便感激地表示：自己以後一定要改掉這個毛病。

 閱讀筆記

2、時然後言，人不厭其言

【出處】

　　子問公叔文子於公明賈曰：「信乎，夫子不言，不笑，不取乎？」公明賈對曰：「以告者過也。夫子時然後言，人不厭其言；樂然後笑，人不厭其笑；義然後取，人不厭其取。」

　　子曰：「其然？豈其然乎？」　　　　　　—— 憲問篇第十四

【注釋】

① 公叔文子：衛國的大夫，姓公孫，名拔，謚號文。

② 公明賈：衛國人，姓公明，名賈。

③ 夫子：對人的尊稱，猶言「先生」，本處指公叔文子。

④ 以：代稱，這個。

⑤ 過：錯。

【譯文】

　　孔子向公明賈詢問公叔文子的為人，說：「他老先生真的不說話、不笑、不拿取嗎？」公明賈回答說：「將此話告訴你的人說錯了。他老先生是該說話的時候說話，所以別人不討厭他說的話；到了該樂的時候才笑，所以人們不討厭他的笑；先確定應該拿取後才拿取，所以人們也不討厭他的拿取。」

　　孔子說：「是這樣的嗎？難道真是這樣的嗎？」

【講解】

　　青少年朋友，不論公叔文子是不是真的做到了「時然後言，樂然後笑，義然後取」，但孔子連著用「信乎」、「其然」和「豈其然乎」追問，表明了他對這種做人方式、做人境界的高度讚賞。

　　我們已在「孔子談做人」篇中談過「義然後取」。

　　關於「樂然後笑」，我也不多說，我只說不要在別人犯了錯、出了醜和遇到難處的時候笑，因為這是不厚道，甚至不道德的做法。

　　既然本篇是「孔子談說與做」，那麼我們就著重談談「時然後言」。

　　它的意思是：選對時機再說，或該說的時候再說。

　　如果在不該說的時候說，那麼有用的話也會被人當作沒用，好話也會被人當成壞話，該說成的事也說不成。

　　譬如某個青少年朋友做錯了事，你不要當著眾人的面給他指出來，因為這樣他會認為你是當眾揭他的短、出他的醜，他會討厭你，甚至憎恨你。你應該在沒人時單獨跟他說，這樣他才容易接受，並感激你。

　　再譬如，當某人正在氣頭上時，你先不要說他，因為這時他很難聽進別人的話，你若說他，他不會給你好臉色看；你說太多，他還會把氣出在你身上。

　　還有，就是我們下面將談到的「先行其言而後從之」，即把要說的事情先做了再說出來。如果你說了卻沒做到，或說能做好卻沒做好，別人就會認為你在說大話、吹牛，就會討厭你。

【範例】

　　明朝嘉靖皇帝當政時，徵收的賦稅非常重。老百姓難以度日，連中小地主也紛紛破產，致使怨聲載道，天下不安。由於嘉靖皇帝剛愎自用，聽不進逆耳之

言，朝中大臣沒有一個敢進諫的。

　　海瑞時任戶部主事，他雖然不畏權勢，勇於「為民請命」，但對如何勸諫皇帝也一籌莫展。恰好這一天，嘉靖皇帝邀他下棋。海瑞惦記著百姓的疾苦，無心下棋，沒走幾步，就被嘉靖皇帝佔了上風。

　　忽聽到嘉靖皇帝得意地喊道：「將軍！」海瑞這才注意到自己的棋子，趕忙用心調整，很快就佔了優勢。輪到海瑞「將軍」了，他靈機一動，叫道：「『將軍』，天下錢糧減三分。」嘉靖詫異地看著海瑞，不明白他這話是什麼意思，便低下頭趕緊挪棋子。過了一會兒，海瑞又找到了「將軍」的機會，他故意一字一字地又唸道：「『將軍』，天下錢糧減三分。」嘉靖皇帝仍不明白海瑞這句沒頭沒腦的話，但覺得有趣，所以換他「將軍」時，竟也學著海瑞的腔調高聲叫道：「『將軍』，天下錢糧減三分！」

　　不料，他的話音剛落，就見海瑞棄棋離席，趴在地上說：「皇上聖明，天下錢糧減三分，天下百姓安樂，一定會感激皇上恩德。微臣領旨了！」

　　那時候，皇上一開口就是聖旨，不能悔改。嘉靖傻愣愣地看了一會兒，想想也應該這樣做，便下令減輕全國的賦稅。

閱讀筆記

3、知者不失人，亦不失言

【出處】

子曰：「可與言而不與之言，失人；不可與言而與之言，失言。知者不失人，亦不失言。」 —— 衛靈公篇第十五

【注釋】

① 失人：失去該結交的人。

② 知：同「智」。

【譯文】

孔子說：「應該與他交談的人卻沒與他交談，這是錯過了該結交的人；不該與他交談的人卻與他交談了，這是失言。明智的人既不錯過該結交的人，也不失言。」

【講解】

如果遇到那些道德高、學問大、經驗豐富的人，你應該上前與他們交談，因為他們有可能成為你的良師益友，教你許多有用的東西，至少也能指點你幾句。如果你沒與他們交談，那麼你就錯過了拜良師、交益友的機會，失去了使自己學習、提升的機會，當然可惜了。

反之，如果遇到那些不求上進的、低俗的、惡劣的人，你就不要與他們交談，因為你想談的不是他們想談的，他們會譏笑你談的話題；他們想談的不是你

想談的，他們談的東西會讓你反感。跟他們交談，是失言，是自討沒趣。

【範例】

　　唐朝大詩人王維和孟浩然是好朋友，兩人雖然在詩壇上並稱「王孟」，但在仕途上卻命運懸殊：王維20歲就中了狀元，孟浩然則屢試不第。孟浩然40歲那年，又一次到京城長安趕考，結果又是名落孫山，他心情之痛苦可想而知。王維為了安慰他，經常邀他飲酒賦詩。

　　一天晚上，王維在內署值夜班，又把孟浩然邀來閒談。忽然，外面傳道：「皇上駕到。」聽到這聲音，王維趕忙叫孟浩然到屋內的一張床下躲避。一會兒，唐玄宗在侍從的護擁下走進屋來，見王維神色失常，就問是怎麼回事。王維猶豫了一會兒，不敢隱瞞，只得如實稟報。玄宗一聽，不但沒有生氣，還高興地說：「朕久聞孟浩然的詩名，可惜未見其人，今日巧遇，何不請他出來見見？」孟浩然一聽皇上要見他，便戰戰兢兢灰頭土臉從床下爬出來，向玄宗叩頭請罪。玄宗說：「朕讀過你的一些詩作，寫得很不一樣。你近來有什麼新作，能否唸給朕聽聽？」孟浩然覺得這是個展示自己才華的好機會，就精神抖擻，把自己的得意之作大聲朗誦出來。玄宗聽著，不時讚賞地微笑點頭。但後來臉色突然一沉，把剛才還得意洋洋的孟浩然嚇了一跳。原來，孟浩然朗誦了一首《歲暮歸南山》詩，詩是這樣寫的：

　　北闕休上書，南山歸敝廬。

　　不才明主棄，多病故人疏。

　　白髮催年老，青陽逼歲除。

　　永懷愁不寐，松月夜窗虛。

　　孟浩然在這首詩中抒發了自己科場失意、鬱鬱不得志的情懷。其中一句「不

才明主棄」，只不過是說自己沒有什麼才能，所以被英明的皇上拋棄在一旁。但玄宗聽了，大為不快，以為孟浩然有意諷刺他不辨賢愚、埋沒人才。他勃然大怒地說：「是你自己不要求做官，怎麼誣賴朕摒棄你呢？」說完便生氣地離開了。

孟浩然頓感絕望，好不容易才見到皇上，且大有可能被封官的機會就這樣輕易喪失了，而且還觸怒了龍顏。他明白，即使再在長安待下去，也沒有被任用的希望了。於是，他告別王維，離開長安，開始了以漫遊、隱居為主的後期生活。

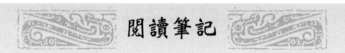

閱讀筆記

4、君子恥其言而過其行

【出處】

　　子曰：「君子恥其言而過其行。」　　—— 衛靈公第十五

【譯文】

　　孔子說：「君子以自己所說的超過所做的為恥。」

【講解】

　　能做多少就說多少。寧可說得少了，即說得少而做得多，也不要說過頭了，即說得多而做得少。對老師要這樣，對家長要這樣，對朋友也要這樣。譬如朋友找你幫忙，你能幫就說能幫，不能幫就說不能幫，能幫多少就說多少，如果說了卻沒做到，不但耽誤了朋友的事，還會失去朋友的信任。

　　說了卻沒做到，就是說大話，好孩子應恥於這樣做。

　　當然，你們或是由於做事的熱情高漲，或是對事情的難度估計不足，難免有說過頭的時候，這是可以原諒的，但你們自己要盡量避免這樣做。

　　既不要言過其行，也不要言過其實，自己是什麼情況，就跟人說什麼情況。不要考了六十多分，卻告訴家長八十多分；不要自己的父母是一般職員，卻跟朋友說是公司主管；不要沒有溫習功課，卻跟老師說溫習了，這都是不誠實的行為，好孩子應恥於這樣做。

【範例】

三國時，馬謖與哥哥馬良都在蜀國皇帝劉備手下做官。馬謖喜讀兵書，愛談論軍事，丞相諸葛亮很看重他。但是，劉備總覺得馬謖只會高談闊論，並無實際才能。劉備臨終前，特別囑咐諸葛亮說：「馬謖此人言語浮誇，超過他的實際能力，不可重用。丞相要留意才是！」

西元228年春，諸葛亮率軍伐魏。由於他忘記了劉備的忠告，派馬謖去駐守戰略要地街亭，致使街亭失守，伐魏失敗。

回蜀後，諸葛亮向後主劉禪上表，要求免去自己的丞相職務，降級三等，以右將軍行丞相事，以懲罰自己用人不當、造成敗績的重大過失。這時他才想起劉備臨終時囑咐自己的話，由於自己沒有照此辦理，結果鑄成了大錯，為此十分懊悔。

閱讀筆記

5、爲之難，言之得無訒乎？

【出處】

　　司馬牛問仁。子曰：「仁者，其言也訒。」曰：「其言也訒，斯謂之仁矣乎？」子曰：「爲之難，言之得無訒乎？」

　　　　　　　　　　　　　　　　　　—— 顏淵篇第十二

【注釋】

① 司馬牛：孔子的學生，姓司馬，名耕，字子牛。《史記・仲尼弟子列傳》說他「多言而躁，問仁於孔子」，孔子針對司馬牛的這一缺點說了「仁者，其言也訒」這句話。

② 訒（ㄖㄣˋ）：說話遲鈍，說話謹慎。

③ 斯：就。

【譯文】

　　司馬牛問仁。孔子說：「仁者，他的言語謹慎。」司馬牛說：「言語謹慎，這就叫仁了嗎？」孔子說：「做起來不容易，說起來能不謹慎嗎？」

【講解】

　　「爲之難，言之得無訒乎？」這句話雖然談的是爲仁，但它適用於很多地方。

　　很多事都是說起來容易做起來難，那麼我們在跟別人談我們要做的事時，要

多考慮事情的難度，這樣說起來就比較謹慎，不至於說過了頭，給人留下說大話的印象。

同時，多考慮事情的難度，我們就會準備得更充分，做起來更小心，更能把事情做好。

【範例】

唐朝在平定「安史之亂」後，各節度使擁兵割據，互相攻伐，天下分崩離析，西有沙佗人李克用的強大勢力，中有朱全忠所統領的全國最大的軍隊，他們相互攻戰不已，致使戰亂相繼。唐昭宗乾寧三年（西元896年），國子博士（唐朝「國子學」是貴族子弟學校，國子博士即「國子學」老師）朱樸對唐昭宗說：「得為宰相，月餘可致太平。」（我如果為宰相，用一個多月就能實現太平）當時的藩鎮勢力盤根錯節，十分雄厚，而朝廷所能控制的人、財、物遠遠比不上那些跋扈的藩鎮，朱樸說的顯然是大話。但是唐昭宗相信他，便任命他為左諫議大夫、同平章事（諫議大夫最初為秦朝所置，掌論議，無定員，以後歷代沿用，唐朝分設左諫議大夫和右諫議大夫，分屬門下省和中書省。同平章事即合中書、門下為一的官職，共議國事，唐中期後，凡為宰相者必曰同中書門下平章事）。其實朱樸並非什麼經國濟世之才，他為人處事庸俗卑鄙、迂腐孤僻，並沒有什麼長處。詔令頒佈後，朝廷內外都大為吃驚。他當上宰相後，對唐朝廷沒起任何建設性作用，朝廷的勢力反而進一步被削弱了。

6、先行其言而後從之

【出處】

子貢問君子。子曰：「先行其言而後從之。」—— 為政篇第二

【注釋】

① 行：實行，做。

② 從：跟隨，跟著。

【譯文】

子貢問怎樣才能成為君子。孔子說：「把你要說的事情先做了，再說出來。」

【講解】

如果沒有必要跟人說，就不要說，先把事情做了，然後再跟人說（如果有必要的話）。

「其言也訒」也好，「先行其言而後從之」也好，都是為了不言過其實。言過其實，不但給人留下說大話的印象，而且（不管有意還是無意）往往會產生欺騙人、坑害人的後果，這是仁者、君子或正派人恥於做的事情。

【範例】

戰國時，齊國貴族孟嘗君問他門下的食客們誰會算帳，能替他到封地「薛」

去收租。有個叫馮諼（ㄒㄩㄢ）的食客毛遂自薦，說他能勝任這件差事。孟嘗君同意讓他去。臨行前，他問孟嘗君：「收完租買點什麼東西帶回來？」孟嘗君說：「家裡缺什麼你就看著買點什麼吧！」

馮諼到薛地後，召集薛地的百姓，凡是應交租稅的都到了。馮諼收了農民的租地契約，改變了孟嘗君收租的命令，假說孟嘗君叫他把這裡的土地都賜給農民，當場把地契全部燒掉了。薛地的百姓感恩戴德，連聲高呼萬歲。

馮諼辦完事就回來了。孟嘗君對他收租如此之快很驚奇，問他：「收完租了？」馮諼說：「收完了。」又問：「買回來點什麼東西？」馮諼說：「您要我看家裡缺什麼就買什麼，我考慮到您家中有的是珍寶、美女，馬廄裡有的是肥馬，什麼都不缺，似乎就缺少『義』，我就自作主張給您買了『義』。」孟嘗君不解，問道：「什麼叫買義？」馮諼說：「現在您只有薛地這麼一點封地了，卻不愛護那裡的人民，只知道搜刮錢財。我私自改變了您的命令，把土地給了那裡的農民，燒毀了地契，百姓高喊萬歲，這就是我給您買回來的『義』。」孟嘗君有些不高興，嘀咕了一句：「你得了吧！」

一年以後，國君懷疑孟嘗君，便把孟嘗君趕到薛地。孟嘗君人還在百里之外，薛地的百姓就扶老攜幼前來歡迎他。看到這情景，孟嘗君大為感動，他對馮諼說：「你為我用錢買的義，我今天看到了。」

閱讀筆記

7、其言之不怍，則爲之也難

【出處】

　　子曰：「其言之不怍，則爲之也難。」　　—— 憲問篇第十四

【注釋】

① 怍（ㄗㄨㄛˋ）：慚愧。

【譯文】

　　孔子說：「說起來大言不慚，那他做起來就難了。」

【講解】

　　那些輕率地說做起來很容易，甚至拍著胸脯說絕對能辦成的人，他們往往做不好、辦不成，因為他們沒有充分考慮到事情的難度就輕易許諾。而做起來並不像他們說的那麼容易時，他們所做的當然就不像他們所說的那樣好了。

　　而且，說話輕率的人，往往做事也輕率，他們當然不大可能把事情做好。

　　甚至，他們根本就沒打算去做，僅僅是吹吹牛、過過乾癮而已。我知道一個愛吹牛的人，他的「名言」就是：說了就等於做了（你說可恥不可恥）。

　　青少年朋友，我們不要輕信這樣的人，更不要做這樣的人。

【範例】

　　戰國時，燕國國王非常喜歡收藏各種精巧玩物，他往往為了得到一件新奇的

東西，不惜揮霍重金。「燕王好珍玩」的名聲傳揚得眾人皆知。

有個衛國人聽說後，便到燕都求見燕王。他見到燕王後說：「我聽說大王喜愛珍玩，所以特來為您在棘刺的頂尖上刻獼猴。」燕王一聽非常高興，雖然王宮內有金盤銀盞、牙雕玉器、鑽石珠寶、古玩真跡，可是還從未見過在棘刺上刻的獼猴。因此，燕王隨即賜給這個衛人享用30方里的俸祿。隨後，燕王對這個衛人說：「我想馬上看一看你在棘刺上刻的獼猴。」這個衛人說：「棘刺上的獼猴不是一件凡物，有誠心的人才能看得見。大王必須在半年內不入後宮、不飲酒食肉，並且趕上一個雨過天晴的天氣，搶在陰晴轉換的那一瞬間去看，才能如願以償。」

燕王聽了，面有難色，但他實在想看到這神奇的寶貝，便只好拿俸祿先養著這個衛人。

這件事被鄭國的一個鐵匠知道了，他覺得其中有詐，於是去給燕王出了一個主意。他對燕王說：「大王，我是個鐵匠，我知道在竹、木上雕刻東西，需要有鋒利的刻刀，被雕刻的物體一定要容得下刻刀的鋒刃。你想想，棘刺頂端的尖細程度，要超過一個技藝精湛的匠人專心製作的刻刀鋒刃。既然棘刺的頂端不能把刻刀的鋒刃容下，那如何進行雕刻呢？如果那衛人真有鬼斧神工，必定有一把絕妙的刻刀。君王用不著等上半年，只要現在讓他把他的刻刀拿出來，一看就可知道他的刀能否刻出比針尖還小的獼猴。」燕王聽了，連聲說道：「好，好，就這麼辦！」

那個衛人很快被召來了，燕王問他：「你在棘刺上刻獼猴用的是什麼工具？」衛人說：「用的是刻刀。」燕王說：「我非常想看到你在棘刺上刻的獼猴，既然一時看不到，我想先看一看你的刻刀。」衛人說：「請大王稍等一下，我馬上到住處去取。」燕王和在場的人等了約一個時辰，還不見那個衛人回來，便派侍者去找。侍者回來報告說：「那個衛人已經跑了。」

8、君子欲訥於言而敏於行

子曰：「君子欲訥於言而敏於行。」　　　——里仁篇第四

【注釋】

① 訥（ㄋㄜˋ）：語言遲鈍，不善於講話。這裡指說話謹慎。

② 敏：敏捷，快速。

【譯文】

孔子說：「君子要說話謹慎遲緩，做事敏捷勤快。」

【講解】

說話不假思索，衝口而出，說了卻做不到，這不是不守信用嗎？

做事拖延、偷懶，本來兩個小時就能做完的事，卻半天也做不完，這樣的效率就太差了。像有的同學在家裡做作業，一邊吃一邊做，或一邊玩一邊做；而有的同學則是集中精力把作業做完，然後再做其他的事。如果用跑步來形容的話，那麼前一種同學一圈還沒跑完而後一種同學已跑完兩圈了，這麼大的差距怎麼得了！因而做事一定要敏捷，不但不能比別人落後，還要爭取超越別人。

綜合以上幾點，正確的做法應該是：說話要謹慎，做事要敏捷。

這句話還可引伸出另一種意思，即：少說話，多做事。

有的人，說的話很多，做的事卻很少，這樣的人很不好，很討人厭。人的能

量是有限的，用在說話上的能量多，用在做事上的能量就少，當然做的事就少。青少年朋友們從小就要培養這樣的品行：少誇誇其談，多專心做事。

中國前主席毛澤東給他兩個女兒取的名字「李敏」、「李訥」就出自孔子這句話，說明他對這句話非常讚賞。

以上我們談了「說」和「說與做」的關係，之所以要「慎言做」，是因為「做」是不容易的，要掌握許多道理和方法才能做好。接下來我們會陸續介紹一些道理和方法。

【範例】

南唐有個柴克宏，沉默寡言，雖擔任宮廷宿衛（負責守衛宮廷的軍官），但不曾談論軍事，當時人們認為他不是將帥的料。西元956年，吳越大軍進攻南唐常州，柴克宏很久沒升官，南唐皇帝便任命他為撫州刺史，柴克宏則請求到軍隊中效命，他母親也進表稱柴克宏可以為將，如果不能勝任，情願滿門抄斬。南唐在急需用人的情況下，帶著試一試的心理，任命柴克宏為武衛右將軍，領兵救援常州。這一試不料產生了奇效，柴克宏到職後，迅速整頓軍備，認真謀劃，以少勝多，大破吳越軍隊。柴克宏原來並不像人們所認為的那樣的人，而確是一個很會帶兵打仗的人才。

閱讀筆記

9、以約失之者鮮矣

【出處】

　　子曰：「以約失之者鮮矣。」

—— 里仁第四

【注釋】

① 以：按照。

② 約：規定，規章。

③ 鮮：少。

【譯文】

　　孔子說：「按照規章做而沒把事情做好的情況是很少的。」

【講解】

　　青少年朋友，幾乎所有的犯罪行為都是由於不守法而造成的，大多數事故都是由於違規操作而造成的。

　　遵守法律卻犯了罪的情況也有，如出於資訊錯誤、判斷錯誤等方面的原因，但極少；按規章操作而造成事故的情況也有，如出於機器、天氣等方面的原因，但很少。

　　也就是說，只要守法，就極少會犯罪；只要按規章操作，就很少會造成事故。

　　在學習方面，老師對你們的要求是：認真聽講，按時完成作業，即時溫習功

課。如果你們這樣做了，你們就不大可能得不到好成績。

在為人處事方面，在學校你們要遵守校規，在家裡要聽家長的話，在社會上要遵守社會道德，只要你們這樣做了，你們就很少做錯事、極少做壞事。

法律、校規、老師的要求和家長的話等等，都是我們平常所說的「規矩」。你們會說：這麼多的規矩，太束縛人了。其實，只有想違反規矩的人才會感到規矩的束縛。如果你們養成了守規矩的習慣，那麼你們不但不會感到規矩的束縛，還會得到規矩的保護和幫助。

【範例】

晉朝名將陶侃（ㄎㄢˇ）是大詩人陶淵明的祖父。

他小的時候，家境非常貧寒。母親湛氏靠紡紗織布，供兒子讀書。陶母不但吃苦耐勞，而且很有志氣，嚴於家教。從陶侃懂事起，她就教育兒子刻苦自勵，希望兒子長大以後，能成為孟子所說的那種「富貴不能淫，貧賤不能移，威武不能屈」的大丈夫式的人物。

陶侃長大後，沒有辜負母親的期望。他不但為官清廉正直，而且在諸多生活細節上，在母親去世之後，依然遵循著母親的教誨。

陶侃每次喝酒，都有一定的限度，常常喝到酒興正濃時嘎然而止，堅決推杯不喝，因為他給自己規定的限度已經到了。有一次，有一位好友勸他再喝點，他還是不喝，問他為什麼這樣，他沉默了好久，才道出真情：「年少有酒失，亡親見約，故不敢逾議者。」這裡的亡親是指過世的母親，這句話的意思是：他年輕時，曾因喝醉酒出過毛病，他的母親因此讓他立下不過量飲酒的誓約，所以後來喝酒再也不敢超過約定的飲酒數量。陶侃說到做到，母親去世幾十年來，他一直沒再醉過。

10、臨事而懼，好謀而成

【出處】

　　子路曰：「子行三軍，則誰與？」子曰：「暴虎馮河，死而無悔者，吾不與也。必也臨事而懼，好謀而成者也。」

—— 庸也篇第六

【注釋】

① 三軍：按周朝制度，天子設六軍，諸侯大國設三軍，每軍12500人。三軍亦為軍隊的統稱。

② 與：在一起的意思。

③ 暴虎：指赤手空拳與老虎搏鬥。

④ 馮（ㄆㄧㄥˊ）河：什麼準備工作也不做就直接下水過河（說明：許多書中解釋為「赤足過河」，筆者認為不妥，因為脫去鞋襪光著腳還算做了點準備工作。這種解釋有違孔子的原意）。

⑤ 懼：不是指懼怕，而是指慎重。

【譯文】

　　子路問孔子：「您若統率三軍，找誰共事呢？」孔子說：「赤手空拳和老虎搏鬥，什麼準備工作也不做就直接下水過河，這樣死也不後悔的人，我不和他共事。我一定選用遇事慎重、善於用謀略把事辦成的人。」

【講解】

「暴虎馮河」已成為成語，辭典裡的解釋是「比喻有勇無謀，冒險蠻幹」。

子路就是這樣的人。子路非常勇敢，但做事不大動腦筋。他問孔子：「子行三軍，則誰與？」本以為孔子會說選他，沒想到卻讓孔子澆了盆冷水。

其實孔子是在批評他、指導他。

這番話，不是也在批評、指導我們嗎？

有些人做事的熱情很高，一聽到讓他們做事就很興奮，不假思索地就去做，結果做得一塌糊塗，這樣可不好。

一定要記住孔子的話：遇事要持慎重的態度，要多動腦筋把事情辦成、辦好。

譬如老師規定你們寫作文，你們要先認真審題，接著好好思考怎麼寫，然後再動筆，這樣才有可能寫出好作文。如果草草動筆，那麼寫出來的東西很可能不是文不對題，就是雜亂無章。

現在職場特別提倡敬業精神，你們雖然還不到就業年齡，但你們要培養自己的敬事精神。

只有敬事的人才能把事情做好，才能成為能做事的人！

【範例】

岑文本是唐太宗時期的一名文官，因才華出眾，政績突出，被唐太宗委任為宰相。上任之初，朝中大臣紛紛前去祝賀，他家門前一時間車水馬龍，好不熱鬧。

看到這番景象，岑文本不但不高興，反而憂慮起來。他對前來祝賀的人說：「我剛剛上任，還沒有做出什麼政績，有什麼可祝賀的呢？我今天只接受你們的

警告，好聽的話就不要說了。」

　　眾人一聽，都悻悻而去。岑文本的家人見了，都責怪他不近人情。岑文本便開導他們說：

　　「我知道他們大多數人都是好意，但其中也難免有不懷好意的小人。如果我大肆慶賀，他們到皇上那裡說我壞話，我還會有好結果嗎？你們要切記：一個人萬萬不可得意忘形，更不可失去應有的警惕；凡事取之實難，失去卻在轉瞬之間啊！」

　　岑文本當了宰相以後，他的家人自覺門庭高了，便勸岑文本另置豪宅，多購產業。岑文本的妻子反覆說過多次，岑文本就是不聽。有一次，他的妻子被氣得一天都沒吃飯，對他發怒道：

　　「你有這麼大的權力，就是不為自己著想，也要為子孫考慮啊！現在哪個大臣不千方百計為自己撈取私利，唯獨你自命清高！苦了自己不說，還苦了孩子，你當這個宰相有什麼用呢？」

　　岑文本意識到問題嚴重，就把子女都召到妻子床前，苦口婆心地說道：「夫人，妳所說的，都是俗人之見，近則有利，遠則有害。想我本是一個讀書人，兩手空空來到京師，本沒想得此高位。今日能被委以如此重任，既是皇上的恩典，也是我勤奮努力的結果。由此可見，一個人的出身並不重要，重要的是他有沒有才學，能不能做事。我深知此中真意，頗有心得，又怎會學那凡夫俗子，廣置產業，富貴而驕呢？孩子們，這只會讓你們養尊處優，沒有憂患，安於現狀，不思進取，對你們的將來，這才是真正的禍患，我怎忍心這樣做呢？還望你們明白此中道理，支持我的做法。」

　　一席話，使全家人深受教育，妻子也轉怒為喜，理解了他。岑文本高興地撫摸著孩子們的頭說：「我不置產業，是以子孫為業，這才是最寶貴的財富啊！」

　　見他如此嚴格自律，唐太宗也對他另眼看待，越來越倚重他。岑文本死後，朝廷又賜予他在帝陵陪葬的特殊榮譽。到了唐睿宗時，他孫子一輩的人中，竟有數十人擔任了重要官職。

閱讀筆記

II、不日「如之何，如之何」者，
吾未如之何也已矣

【出處】

子曰：「不曰『如之何，如之何』者，吾未如之何也已矣。」

—— 衛靈公篇第十五

【譯文】

　　孔子說：「不說『怎麼辦，怎麼辦』的人，我也不知道該拿他怎麼辦啊！」

【講解】

這句話的意思與上一句有些相似，但又有所不同。

「曰」雖然當「說」講，但此處可以引申為「考慮」。遇到事情，還未考慮好怎麼做，就冒然去做，有兩種人會這樣：一種是衝動型的，即上句話提到的那種人，沒考慮好就急著去做，把事情搞砸了就傻眼了；一種是浪子型的：做之前沒好好考慮，做之中漫不經心，做之後不在乎做得怎樣。

前一種人還精神可嘉，即有做事的熱情；後一種人則精神可恥，或者說根本沒有做事的精神。

想要把事情做好，既要有好的精神，又要有做事的方法，因而以上兩種人都不可取。

孔子所說的「吾未如之何也已矣」，表面上看是無奈的嘆息，實際上是嚴厲

的批評：不好好考慮，怎麼能把事做好？

還是要「臨事而懼，好謀而成」！

【範例】

《戰國策》中記載了一個故事：

有個人正乘著馬車向北馳騁，遇到了一個朋友。朋友問他去哪裡，他說去楚國。

「可是楚國在南邊，你怎麼往北走呢？」朋友不解地問。

「往哪裡都一樣，我的馬車好得很！」

「馬車好是好，」朋友說，「可是你走錯了方向。」

「沒關係，我有的是錢。」

「我知道你有錢，可是你也不該背道而馳呀！」

「嗨，那有什麼！我的馬夫技術一流，我怕什麼？」

馬夫的技術果然很好，只見他甩了一個響鞭，喊聲「駕！」馬車便揚起一路灰塵，一會兒就消失不見了。

朋友嘆息地說：「他的條件越好，離楚國就越遠了。」

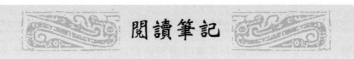

閱讀筆記

12、三思而後行

【出處】

季文子三思而後行。子聞之，曰：「再，斯可矣。」

—— 公冶長篇第五

【注釋】

① 季文子：魯國大夫，姓季孫，名行父，諡號為「文」。

② 再：再次，第二次。

③ 斯：就。

【譯文】

　　季文子每做一件事都要考慮三次以上才行動。孔子聞知以後，說：「考慮兩次就可以了。」

【講解】

　　「三思而行」這個成語我們都很熟悉，但從這句話看，孔子並不贊成「三思」，而贊成「二思」。其實，考慮得是否得當並不能用次數來衡量，此處只不過用兩次、三次來形象地表示考慮的多少。孔子的意思是：不要考慮得太多。

　　這段話與以上兩段話可以相互補充：做事之前，考慮得太少不行，考慮得太多也不行。

　　考慮得太多，一則會讓你失去做事的最好時機；二則考慮得多了，顧慮也就

多了，會影響你的決定，這樣都不會讓你把事情辦好。

　　譬如某班開班會，有個同學想提個建議。他認為他這個建議對班上工作有益，應該提。但他又想，假如有的同學說他逞能怎麼辦，於是他猶豫不決。猶豫的結果有兩種：一是還是提了，但由於有顧慮，沒有表達好；二是放棄了。這兩種結果都是不好的。

　　既然認為這個建議對班上工作有益，應該提，就即時提出來。

　　不要想得太多，讓自己產生不必要的顧慮。

　　不要讓自己顧慮重重，優柔寡斷。

【範例】

　　宋仁宗晚年時，罹患了精神錯亂症，並時常發作。這段時間他的病又犯了，朝廷上下，人心惶惶；京城內外，氣氛緊張。一同擔任丞相的文彥博和劉沆輪流留宿宮中，以便處理緊急事務，應付非常之變。劉沆因嫉妒文彥博的才能，曾在皇上面前多次說過文彥博的壞話。

　　這天晚上，輪到文彥博值班。深夜時分，開封府的知府王素慌慌張張地叩打宮門，要求面見值班宰相，說是有緊急情況要稟報。文彥博拒絕了：「這是什麼時候，還敢開宮門？」第二天一大早，王素又來了，跟文彥博彙報說，昨天夜裡有一名禁卒告發都虞侯（禁軍頭目）要謀反。有的大臣主張立即將都虞侯抓來審問，文彥博不同意，他說：「這樣一來，勢必擴大事態，鬧得人人驚惶不安。」他召來禁軍總指揮許懷德，向他瞭解都虞侯是個怎麼樣的人。

　　許懷德說：「他應該說是禁軍中最為忠誠、老實的一個人。」

　　文彥博問：「你敢肯定嗎？」

　　「敢。」

文彥博說：「肯定是這個禁卒與都虞侯有舊仇，所以趁機誣告他，應當立即將他斬首，以安眾心。」大臣們都同意他的意見。

　　文彥博正要簽署執行命令，他身邊有一個小吏在暗中輕輕用腳碰了他一下，他頓時明白過來，走到劉沆面前，無論如何讓他也在命令上簽了字。

　　過了幾天，宋仁宗病情有所好轉，劉沆便誣告說：「皇上有病那段時間，文彥博擅自將告發謀反的人斬首。」話雖不多，用意卻十分惡毒，分明是暗示文彥博縱容造反者，甚至是造反者的同謀。文彥博隨即拿出有劉沆簽名的行刑命令，這才消除了仁宗的疑心。幸虧讓劉沆也簽了名，不然的話，文彥博真是百口莫辯了。

閱讀筆記

13、過猶不及

【出處】

　　子貢問：「師與商也孰賢？」子曰：「師也過，商也不及。」曰：「然則師愈與？」子曰：「過猶不及。」　　—— 先進篇第十一

【注釋】

① 師：指顓（ㄓㄨㄢ）孫師，即子張的名。

② 商：指卜商，子夏的名。

③ 愈：勝過，強些。

④ 與：同「歟」，語氣助詞，表示疑問。

【譯文】

　　子貢問：「顓孫師（子張）和卜商（子夏）誰更優秀？」孔子說：「顓孫師太過了，卜商還不夠。」子貢說：「這麼說顓孫師更好一些了？」孔子說：「過了和不夠是一樣的。」

【講解】

　　「過猶不及」不妨看做對以上幾段話的總結。

　　做事之前，考慮太少不好，考慮太多也不好。

　　這裡就涉及到「尺度」的問題：做得太過了和做得不夠的結果是一樣的，都沒有把事情做好；想要把事情做好，必須要做得適度。

做什麼事情都要掌握好「尺度」：吃飯，不要吃得太多，也不要吃得太少；打球，不要太用力，也不要太小力；待人，不能不夠熱情，也不能熱情得過了頭……

青少年朋友，「尺度」是個非常重要的東西，但也是個非常難把握的東西，連我們許多大人都把握不好它，但你們從小就要重視它，不斷訓練自己把握它的水準，爭取把各種事情做好。

【範例】

戰國時候，齊國有一個姓黃的老先生，膝下有兩個女兒，都長得十分美麗，堪稱天姿國色。但黃老先生為人非常謙虛，每當與人談起他的兩個女兒，總是說：「小女長相醜陋，做事笨拙。」他老是這樣說，大家便都以為他的兩個女兒確實很差，沒人上門提親。就這樣，兩個女兒的婚事被耽誤了好幾年。後來有個鰥夫，因無錢再娶，便到黃老先生家提親。婚禮結束，揭開蓋頭一看，不禁喜出望外，原來新娘子竟是一個絕代佳人。消息傳開，人們才知道黃老先生言之不實。於是一些名門子弟競相娶他的第二個女兒，也是天香國色。

大家都譏笑黃老先生：他本想博得一個謙虛的美名，可惜謙虛得過了頭，竟把女兒的青春給耽誤了。

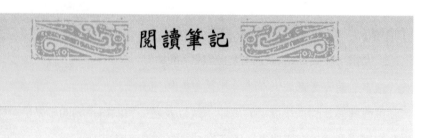

閱讀筆記

14、工欲善其事，必先利其器

【出處】

　　子貢問為仁。子曰：「工欲善其事，必先利其器。居是邦也，事其大夫之賢者，友其士之仁者。」　　　　　── 衛靈公篇第十五

【注釋】

① 為：學習，培養。

② 善：做動詞用，使……完善。

③ 利：做動詞用，使……鋒利。

④ 事：事奉，為……服務。

【譯文】

　　子貢問怎樣培養仁德。孔子說：「工匠若想把工作做好，一定要先把工具打磨鋒利。居住在一個國家，要事奉那些大夫中的賢者，和士人當中的仁者交朋友。」

【講解】

　　孔子用「工欲善其事，必先利其器」為比喻說明的道理，我們在「談交友」篇中已介紹過，這一篇我們談的既然是「做事」，我們就按「工欲善其事，必先利其器」這句話的本義講解。

　　做事之前，除了要考慮好「怎麼辦」外，往往還要準備好相對的工具。

沒有好工具，很難把事做好。

木匠沒有好鉋刀，很難把家具做好；瓦匠沒有好瓦刀，很難把房屋蓋好；油漆匠沒有好刷子，很難把器具漆好……所謂「好」，指的是既要品質高，又要速度快。雖然工具不好用，還是把工作做完了，並且品質還不錯，但多耗費了許多時間，這也不叫「好」。與其這樣，何不一開始先花點時間把工具準備好呢？

青少年朋友，你們也要注意這一點，從小養成這樣的好習慣：早上上學前，先檢查書本、文具都帶好了沒；騎車出門前，先檢查輪胎裡的氣足不足；與老師、同學一同去郊遊前，先檢查鞋子是否合腳、結實……

所花的時間很少，但能讓你避免大麻煩，讓你把事情做好。

【範例】

再來說一個陶侃的故事。

陶侃在縣裡當小官時，經范逵推薦，出任樅陽縣令，後升為南蠻長史、江夏太守、武昌太守。在此期間，他討平張昌、陳敏之亂，所繳獲財物，都平分給士卒。他為政清廉，生活樸素，體恤百姓，因而威望很高，受到民眾擁護和愛戴。但當時東晉政權初建，朝廷大權由王導、王敦兩人把持，他們怕陶侃在荊州地區對自己不利，於是便將他調至嶺南為廣州刺史。

當時廣州還是個偏僻的地區，陶侃到任後，仍一心想著恢復中原失地。每天清晨，他把一百塊磚搬到院子裡，傍晚又把它們搬進屋。每次都累得渾身是汗，頭上直冒熱氣。然而，誰去幫他，他都不肯。不論陰、晴、風、雨，也不論春、夏、秋、冬，他總是按時搬運，天天如此，從不間斷和懈怠。有人困惑不解地問他：「陶將軍，你這是做什麼呀？」他拍拍身上的灰塵說：「你看，我們國家的北方領土，都已落入別人的手裡。我立志要恢復中原，可是，過分的安逸生活，

就會損害身體。沒有健壯的身體，怎麼能實現宏大的理想呢？我之所以天天搬磚，正是為了鍛鍊自己的身體和意志呀！」

陶侃由於堅持搬磚活動，身體更加強壯起來。在後來的多次戰鬥中，能夠經得起艱苦的考驗，取得輝煌的戰績。雖然他在有生之年未能實現恢復中原的夙願，但他那種日運百磚、磨礪自己的精神，卻一直被後人傳為美談。

 閱讀筆記

15、欲速，則不達；
見小利，則大事不成

【出處】

　　子夏爲莒父宰，問政。子曰：「無欲速，無見小利。欲速，則不達；見小利，則大事不成。」　　　　　　　　　　—— 子路篇第十三

【注釋】

① 莒（ㄐㄩˇ）父：春秋時魯國的一個城邑。
② 宰：主宰者，長官。
③ 無：通「勿」，不要。
④ 見：貪圖。

【譯文】

　　子夏做了莒父的長官，向孔子請教如何處理政事。孔子說：「不要求快，不要貪圖小利。求快，反而不能達到目的；貪圖小利，就辦不成大事。」

【講解】

　　青少年朋友，考慮好了「怎麼辦」，也準備好了工具，但做時還是要認真、細心，不要急躁，否則就會忙中出錯，不能把事情做好。

　　依你們的年齡，最容易犯的毛病就是急於求成，因而「欲速則不達」這句話對你們非常重要，你們一定要牢記在心，用它來警惕自己。

譬如考試時，你看到一些同學交了卷就急躁起來，匆匆答完，也無心檢查就交了卷。本來能答對的題目沒答對，本來能改的錯也沒改，因此而少拿了不少分，多可惜啊！只要規定時間還沒到，你就認認真真作答，答完後再認認真真檢查，這樣才能考出最好的成績。

這個例子同樣適用於「見小利則大事不成」：交卷提前了一會兒，這只是個小小的「利」，或根本算不上「利」，你們不能因為看重它而影響了「考出好成績」這件大事。

你們目前最重要的事就是做個品德好的孩子。有的同學也很想成為好孩子，但當有人用小恩惠收買他們，讓他們做不該做的事時，他們卻抵擋不住誘惑，這樣就影響了他們「做好孩子」這件重要的事。

無論做什麼事，都要明確自己最大的目標是什麼，集中心思朝著這個目標努力，絕不讓自己受不良因素的干擾。

【範例】

虞慶是戰國時期趙國人，由於他知識淵博，口才出眾，成為當時一位著名的說客，並在趙國當了大官。

有了地位，有了身分，就得有間像樣的房子，於是他決定建一棟豪宅。他很快準備好了建築材料，叫工匠們立即動工。一位老工匠對他說：「大人，您給我們的木材還沒乾，泥土也還濕答答的，這麼急著砌房子，那不乾的木材砌上去就會彎曲，那濕泥的份量又重，壓在彎曲的木材上，房子就有倒塌的危險。依我看，您要嘛等一段時間再砌，要嘛就換換建築材料。大人，您看怎麼辦好？」

虞慶聽了，很不以為然，他對老工匠說；「你蓋了這麼多年房子，怎麼連這點道理都不懂？木材砌成房子不就漸漸乾了嗎？木材乾了不就直了？那泥巴也會

隨著時間的推移越來越乾。這樣，木材、泥土的份量就會越來越輕，房子也會越來越結實，怎麼會倒塌呢？你們別以為我不懂，還是趕緊動手。」

那老工匠說：「大人，您不要誤會，我是好言相勸。憑我幾十年的經驗，這麼做實在不行啊！」

虞慶拍了拍老工匠的肩膀說：「你幾十年的經驗算什麼，怎比得上我們讀書人上通天文，下知地理？雖然我沒砌過房子，但這麼簡單的工作我還不是一看就懂？你就照我說的去做，出了問題我負責。」

老工匠見虞慶這麼自以為是，只好一邊嘆氣，一邊帶著眾人蓋房子。沒幾天，一幢又大又漂亮的房子就蓋好了。完工那天，虞慶對工匠們說：「你們看，房子不是好好的嗎？」

正說著，忽聽「唏嚓」一聲，屋頂塌了下去，緊接著，整幢房子也「轟隆」、「轟隆」地全倒了。虞慶驚訝得說不出話來。

閱讀筆記

16、力不足者，中道而廢。今女畫

【出處】

冉求曰：「非不說子之道，力不足也。」子曰：「力不足者，中道而廢。今女畫。」

── 庸也篇第六

【注釋】

① 冉求（西元前522年～？）：即冉有，姓冉，名求，字子有，魯國人。孔子弟子，小孔子29歲。曾為魯國貴族季孫氏家臣，孔子稱其「可使治賦」。

② 說：同「悅」，喜愛，喜歡。

③ 中道：半道，半路。

④ 畫：通「劃」，劃定界限，故步自封。

【譯文】

冉求說：「不是我不喜歡您說的道理，而是我沒有足夠的力量去實行。」孔子說：「能力不夠的人，就會走到半途走不動了。現在你卻是自己停止不前。」

【講解】

考慮好了「怎麼辦」，準備好了工具，做時也認真、細心，但並不意味著能把事情做成，還需要一種非常重要的素質：堅持的精神。

做什麼事情都不容易，總會遇到或多或少的困難，如累啊，苦啊，或出現意想不到的問題等等。面對這些困難，有的人放棄了，有的人則堅持做下去，直到

253

把事情做完、做好。

二者最大的區別就是：有沒有堅持的精神。

往往，只要你自己不放棄，你就不會失敗；只要你堅持做下去，你就能成功。

青少年朋友，這個道理，經歷過許多事的我們大人都深有體會，而年齡尚小的你們可能還不大理解，那麼我給你們提幾個問題：

與媽媽從商店買完東西出來，你幫媽媽提了一些，走著走著感到累了，你是把東西交給媽媽，還是堅持提到家呢？

老師讓你們讀一本課外讀物，讀了一部分後，感到枯燥無味，你是扔下不讀呢？還是堅持讀完？

與別人一同爬山，你越爬越感到難爬，你是畏難而退呢？還是堅持爬到山頂？

希望你們選擇的都是後者，希望你們在一件件事情上不斷磨練自己堅持的精神。

有了堅持的精神，你們就有了現在做好事情、將來獲得人生成功的最重要素質。

【範例】

東漢時，河南有個男子叫樂羊子，娶了一位非常賢慧的妻子，史書上稱她為樂羊子妻。

婚後不久，樂羊子就外出拜師求學，一年後跑回家來。妻子很驚訝，問他：「你求師讀書才一年時間，怎麼就回來了？」

樂羊子笑著說：「我怕妳一個人在家太孤單，所以就回來了。」

妻子聽了，拿起剪刀，把他拉到織布機旁，指著上面的綢布說：「相公你看，織布的原料是蠶繭，我用織布機一點一點地編織起來，從一寸到一尺，從一尺到一丈，又從一丈到一匹，需要不間斷地編織才行。如果我用剪刀將它剪斷，就會前功盡棄。你讀書不也是這個道理嗎？只有日積月累地不斷學習，才能獲得成功；如果半途而廢，不就像剪斷絲線一樣，白白浪費了光陰嗎？」

妻子的話，深深打動了樂羊子的心，第二天一早，他便告別妻子又出門求學去了。這一去，他一連七年都沒有回家，終於成為一個有學問的人。

我們再來看一個事例。

三國時，孫權手下有員大將叫呂蒙，他打仗很勇敢，但因小時家貧，沒上過學，不懂兵法。每當孫權和大將們談論兵法時，他就在一旁打瞌睡。孫權勸他多讀點書，他總是說沒有時間。孫權告誡他說：「我每天處理國家大事，還能擠出時間學習，你就不能嗎？要知道，有勇無謀成不了大器，只是一介武夫而已！」呂蒙羞得無地自容。他回到軍營後，天天學知識，夜夜讀兵書。兩年以後，孫權再和大將們聚會談論兵法時，呂蒙滔滔不絕，說得有根有據，大家都打從心裡佩服。呂蒙由有勇無謀變得文武雙全，受到孫權的器重。他智擒關羽，收復荊州，為東吳立了大功。

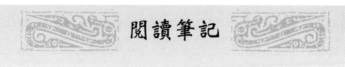

閱讀筆記

17、人無遠慮，必有近憂

子曰：「人無遠慮，必有近憂。」　　　——衛靈公篇第十五

【譯文】

孔子說：「一個人若沒有長遠的考慮，必定會有眼前的禍患。」

【講解】

　　青少年朋友，以上我們所談的應該是如何對待眼前要做的事情：臨做前要做好準備，做時要認真做好、堅持做完。另外，我們還要經常想想哪些事情應該做還沒有做，想到了就即時去做，以免給自己帶來麻煩。

　　用過的東西你是不是已放回原處，以便下次要用時好找？如果沒有，那麼可能你下次要用時卻怎麼也找不到了。

　　老師講解的例題你是不是已即時溫習，以便掌握牢固？如果沒有，可能說不定哪天你遇到這類的試題時，卻不知怎麼解答了。

　　跟同學發生了誤會，你是不是已即時透過溝通而消除？如果沒有，可能很快就會釀成衝突。

　　有出息的孩子，是那些有心、用心的孩子，而不是那些馬虎、糊塗的孩子。

【範例】

　　春秋末期，晉國以智伯為首的公卿打算攻打衛國，他們想先以駿馬、美玉相

贈，使衛君喪失防禦之心。衛君得此厚禮，果然歡喜無比，特宴請眾大臣與己同樂。

正當眾大臣與衛君皆大歡喜之際，大夫南文子卻臉色凝重，毫無喜色。衛君不悅，責問他道：「實力強如智伯者贈此厚禮於我，難道不值得高興嗎？為何只有你一個人悶悶不樂呢？」南文子說：「沒有功勞而得到賞賜，沒有力量而得到禮物，不可不明察。君王應仔細考慮才好。」

衛君將這些話告訴邊境的守軍。智伯果然起兵襲擊衛國，一看衛國邊境戒備森嚴，說：「衛國有賢明的人，預先知道我的謀略了。」說罷，將兵撤了回去。

閱讀筆記

孔子談孝與禮

「孝」與「禮」是孔子特別重視的，並且是與青少年朋友密切相關的兩個問題。

孝敬父母，就是愛父母。一個人如果連自己的父母都不愛，他還能愛誰呢？他還值得誰愛呢？

「禮」在孔子思想中的含意非常豐富，也非常複雜，青少年朋友可以暫且先理解為禮貌。孔子說：「不知禮，無以立也。」不懂得禮貌，就無法立身處世。

所以，「孝」與「禮」是關係一個人能不能被人們所接受的兩個問題。

Ⅰ、孝弟也者，其爲仁之本與

【出處】

有子曰：「孝弟也者，其爲仁之本與！」　　——學而篇第一

【注釋】

① 有子（西元前505年或518年～？）：姓有，名若，字子有，後被尊稱爲有子。魯國人，孔子弟子。他勤奮好學，能較全面深刻地理解孔子的學說，尤其重視孝道和中庸之道。由於他品學兼優，而且「狀似孔子」，孔子死後，曾一度被孔門弟子推舉爲「師」。據說《論語》主要是由有若和他的學生編輯的。

② 孝：孝心，孝敬。

③ 弟：通「悌」，指弟弟要尊敬兄長。

【譯文】

有子說：「孝敬父母、尊敬兄長，這是爲仁的根本啊！」

【講解】

青少年朋友，你們或許沒有兄長，但你們都有父母，那麼我們就特別談談「孝」。

爲什麼說「孝」是爲仁的根本呢？

仁就是愛心，爲仁就是以愛心對待他人、對待社會。

　　而愛心是怎麼產生、怎麼培養的呢？就從愛我們最應該愛的人開始。我們最應該愛的人就是我們的父母，而對父母的愛就是「孝」。

　　我們應該學會感恩、學會報答，父母是最愛我們的人，我們也應該愛他們。只有愛父母，才會愛其他愛我們、幫助我們的人，才能與所有以愛心待人、幫助他人的人相愛相助。這樣的人才是健康的、善良的、正直的人，才稱得上「人」！

　　一個連自己父母都不愛的人，他還會愛誰呢？

　　一個連自己父母都不愛的人，他還值得誰愛呢？

　　那麼，青少年朋友，就從愛我們的父母開始培養我們對他人、對社會的愛心吧！

【範例】

　　舜很小的時候，母親就去世了，他的父親瞽叟又娶了一位妻子，並給舜生下一個弟弟叫象。後母心地偏狹，在她的寵慣下，象也學得蠻橫霸道，而父親瞽叟是個糊裡糊塗的人，因而舜經常受後母的虐待、弟弟的欺負。但他從不計較，一直孝敬父母，寬容弟弟。儘管吃得差、做得多，但他毫無怨言。鄉親們都說：「舜能夠孝敬父母、謙讓兄弟，將來必定有出息。」聽了這樣的話，後母和弟弟更怨恨舜，幾次想害死他。舜只好逃出來，跑到歷山腳下開墾荒地。農閒時節，舜用水和泥製作成許多盛水用的陶罐，分送給周圍的鄉親們。鄉親們愛他，樂意跟隨他，他工作的地方很快成為熙熙攘攘的村鎮。

　　生活好起來了，舜沒有忘記雙親和弟弟，主動把他們接來歷山居住，照顧他們。舜的這一舉動，受到人們的稱讚和傳揚。當時，統治天下的堯帝已經年邁，他的兒子丹朱愚鈍無能，難以繼承治理天下的大事，於是堯帝決定物色一個繼承

人。聽說舜的事情後，堯帝送給舜一張琴，還將兩個女兒娥皇、女英嫁給他，打算將來讓舜繼承自己的帝位。

　　鄉親們見堯帝如此信任舜，都很高興。舜的弟弟象卻眼紅的不得了，想害死哥哥，霸佔兩位嫂嫂。他和母親想出一條毒計，然後叫糊塗的父親把舜找來，說是要修補屋頂，以防漏水。

　　舜帶著一把梯子、兩個大斗笠來到以後，馬上爬上屋頂去修理。弟弟象見四下無人，偷偷把梯子搬走，又在房屋四周點火。霎時，火借風威，風助火勢，熊熊大火迅速燒了起來。舜一見不妙，連忙將兩個大斗笠繫在手臂上，就像大鳥展翅一樣往下跳，脫離了險境。

　　象一計不成，又生一計，他讓父親再去找舜，說是要他來幫著鑿井。舜明知弟弟不懷好意，還是帶著工具來了。他必須有所防備，便先在井壁上挖了一個洞穴，然後才往深處挖。正挖著，一塊石頭從井上砸了下來，舜趕忙躲進洞穴，接著又有許多石頭砸下來。過了好久，舜聽井上沒有動靜了，才抓著繩子爬出來。象的陰謀又一次落空了。

　　舜快到家時，從門縫裡聽見弟弟正向父母嚷著說：「哥哥已被我用石塊砸死了，我要與你們分家，哥哥的琴和兩位嫂子歸我，牛、羊、糧食也得有我一份。」正嚷著，只聽吱呀一聲，舜推門進來了。他若無其事地拜見過父母，然後對象說道：「弟弟，你還是先別分家，我在外面有許多事情要做，父母麻煩你多照應，我會經常送財物回來。」弟弟見哥哥這麼大度，愧疚地低下頭，表示今後要改過自新。雙親也競相表示，以後再也不做對不起舜的事了。從此，一家人和睦融融，舜為百姓辦事的衝勁更足了。

　　經過多年的觀察，堯帝認定舜確實是一位值得信賴的人，足以勝任管理天下的職責，便欲把帝位禪讓給他。但是舜不肯接受，只是代堯帝管理事務，直到堯帝死後，他才登上帝位。

2、父母唯其疾之憂

【出處】

孟武伯問孝。子曰：「父母唯其疾之憂。」 —— 為政篇第二

【注釋】

① 孟武伯：孟懿子的兒子，名彘（ㄓˋ），「武」是他的諡號。 孟懿子：姓仲孫，名無忌，又稱孟孫氏，春秋時魯國的大夫。「懿」是他的諡號。

② 其：他，他們。

③ 疾：疾病，病患。

④ 憂：擔憂，憂慮。

【譯文】（見「講解」。）

【講解】

青少年朋友，對孔子「父母唯其疾之憂」這句話，歷來有兩種解釋：

第一種：（做兒女的，應該知道）父母最擔心你們生病。

第二種：（做兒女的，應該）以父母的疾病為最大的憂慮。

這兩種解釋都講得通，下面我分別就這兩種解釋進行講解。

關於第一種：青少年朋友，你們父母最擔心的是你們生病；你們生病的時候，是他們最焦慮的時候。我也是為人父母的人，身為成年男人，我記得二十多年來我只哭過一次，那是在我兒子有一次生病的時候。看到一向活潑淘氣的他，

連續幾天不愛說、不愛笑，也不愛吃、不愛喝，一副病懨懨的樣子，我難受得偷偷擦起淚來。你們的父母也是如此啊！雖然焦慮的表現可能與我不同，但焦慮的心情卻與我一樣。所以你們為了不使父母擔心、焦慮，在外面要好好保護自己，不吃來路不明的食物，不做危險的事情，不去危險的地方……這是一種非常重要的孝。

關於第二種：青少年朋友，你們愛父母、孝敬父母，就要多關心他們，尤其要關心他們的健康。你們還不具備保護父母的能力，不能使他們盡量不生病，但在他們生病的時候，你們是怎麼做的呢？我建議你們：第一，在家裡要安靜、聽話，不干擾生病的父母，不惹他們生氣；第二，你們要多問候生病的父母，盡量多陪他們說說話；第三，你們要多照應生病的父母，為他們端端水、餵餵藥……看到你們這麼懂事、這麼孝敬，你們生病的父母會很欣慰，他們的病會早些好起來。

我再跟你們說一件事。有一次我去探望一個生病的朋友，見滿臉憔悴的他躺在床上，連說話的聲音都很微弱。而他已十幾歲的兒子，一會兒手舞足蹈地玩遊戲，一會兒把聲音開得很大很大地看電視，還不知因為什麼跟他媽媽哭鬧了一番。

青少年朋友，你們怎麼看這個孩子？你們會做這樣的孩子嗎？

【範例】

南宋人趙善應是歷史上有名的孝子。

有一天，母親突然患了重病，趙善應趕忙去請醫生。醫生來看過以後，留下兩包草藥就走了。

母親服藥以後，病情不但不見好轉，反而比原先更嚴重了。趙善應非常著

急，又去請那位醫生，得到的答案卻是：「你母親的病，我無能為力，你還是另請高明吧！」

趙善應聽了，心如刀割，眼眶裡立刻湧滿了淚水。

回來後，趙善應到處打聽名醫，但一連請了十幾個，母親的病仍不見好轉。

趙善應一時沒了主意，不知是誰提醒說：「你是不是要請御醫來看一看啊？」

趙善應如夢方醒，靠著皇室宗族的關係，他很快請來了御醫。

御醫看過病後，開了個方子，交給趙善應說：「照這個方子服用，三副藥以後，病情就會好轉，但需要用人血和藥，方為有效。」

趙善應馬上拿著方子去買來三副藥，然後用刀刺破自己的手臂，將流出的鮮血和進藥裡，給母親服用。母親連續服了三次藥，趙善應連續三次刺臂取血，弟弟爭著要用他的血，趙善應堅決不答應。說也奇怪，趙善應的母親服用了幾副用鮮血和的藥以後，病就好了。趙善應別提有多高興了。

 閱讀筆記

3、父母在，不遠遊，遊必有方

【出處】

　　子曰：「父母在，不遠遊，遊必有方。」　　——里仁篇第四

【注釋】

① 遊：指出門求學、經商、旅遊等。

② 方：去向，去的地方。

【譯文】

　　孔子說：「父母在世，不要出遠門；如果要出遠門，就一定要有去向。」

【講解】

　　在孔子那個時代，交通條件、通訊條件非常差，一個人如果出門遠遊且遊而無方，一則父母會因為長時間見不到他、得不到他的音訊而想念他、掛念他；二則父母若出現危急情況，他無法照應。這是不孝的做法，而孔子非常看重孝，所以他反對這樣做。

　　有的青少年朋友會說：可是現在交通條件、通訊條件都非常好了，出門求學、經商或旅遊都已很平常了，那麼孔子的這句話是不是失去意義了呢？

　　我看沒有。從你們的角度而言，例假日出去玩的時候，要先跟父母說一聲，說明你們去哪裡玩、什麼時間回來，一則不讓父母為你們擔心；二則父母若有事的話，能很容易找到你們。

這是孝敬父母的做法。

不孝敬父母的做法是：不說一聲就溜出去，在外面玩瘋了就忘了回家，不管父母有多著急。

青少年朋友們，你們會怎麼做呢？

【範例】

有一天，徐霞客從外面回來，當走到村子前的一片小竹林時，遠遠看到他家裡來了兩個官人，他斷定這是想勸他去當官的，而他早已立志要遊遍五嶽，非常厭惡官場作風，所以他躲到竹林裡，避而不見，隨後乘一隻小船遊太湖去了。這個消息傳開後，人們都稱他為「奇人」。

徐霞客非常孝敬母親，有一次他帶著七十多歲的老母親一同遊覽了荊溪和溝曲，以引起母親的興趣。而母親很瞭解兒子的心思，語重心長地說：「好孩子，身為男子漢，應志在四方。」

母親去世後，徐霞客服喪期滿，便踏上旅途。他登高山、涉急流，走遍三山五嶽，累積了大量的資料，終於成為傑出的地理學家。

 閱讀筆記

4、父母之年，不可不知也

【出處】

　　子曰：「父母之年，不可不知也。一則以喜，一則以憂。」

—— 里仁篇第四

【注釋】

① 年：年齡，年紀。

② 以：因。

【譯文】

　　孔子說：「父母的年紀不可以不知道。一方面為他們增壽而欣喜，一方面為他們衰老而擔憂。」

【講解】

　　青少年朋友，你們誰知道自己爸爸、媽媽的年齡？我不知道你們其中有多少人能回答得出來，但我曾參加過好幾位親友為其孩子過生日的聚會，我問幾位「小壽星」：「爸爸、媽媽為你過生日，可是你知道爸爸、媽媽的生日是哪天嗎？」他們都回答不出來。

　　爸爸、媽媽時時關注著你們，處處關心著你們，但你們關注過、關心過他們嗎？

　　你們都應該知道爸爸、媽媽的年齡、生日，不為別的，只需在他們生日那

天，你們能對他們說一句：

「爸爸（或媽媽），今天是您××歲生日，祝您生日快樂！」

那麼，你們的爸爸、媽媽就會很感動、很欣慰了。

【範例】

西魏的時候，中國北方有戶姓花的人家，他們有個女兒叫花木蘭。花木蘭既有一身好武藝，又很會做家事，特別是非常孝敬父母。有一天，花木蘭正在家織布，忽然傳來了朝廷徵兵的緊急文書。雖然她的父親年紀已大，但徵兵名單中仍然有他的名字。就在全家人萬分著急的時候，花木蘭提出了一個大膽的決定：「我女扮男裝，替父親去當兵。」

不顧家人的阻攔，花木蘭馬上到街市上買來駿馬、鞍墊、馬籠頭與長鞭，拿起武器就出發了。她隨大軍轉戰黃河邊、黑山頭，櫛風沐雨，與戰友們奮勇殺敵。雖然她是女兒身，但打起仗來一點也不比男兵遜色。由於她屢建戰功，被一步步提升為將軍。

12年後，花木蘭隨大軍凱旋而歸。皇帝將她和其他有戰功的將官們召進宮裡，對他們一個個進行封賞。輪到花木蘭時，她卻說：「陛下，我不想留在朝廷做官，只求陛下賞我一匹千里馬，送我回故鄉。」皇帝雖感到驚訝，但還是答應了她的要求。

聽到女兒回來的消息，花木蘭的父母喜出望外地迎出城外，激動得熱淚盈眶。姊姊和弟弟也歡喜得殺豬宰羊，做了一大桌豐盛的飯菜。花木蘭回到自己的閨房，久久看著鏡中的自己。她脫下戰袍，換上了女兒裝。

花木蘭因擔心父親年紀大，經不起參軍征戰的勞苦和危險，而女扮男裝，替父從軍。千百年來，她的故事一直被人們廣為傳誦。

5、不知禮，無以立也

【出處】

　　孔子曰：「不知命，無以爲君子也；不知禮，無以立也；不知言，無以知人也。」

　　　　　　　　　　　　　　　　　　　　—— 堯曰篇第二十

【譯文】

　　孔子說：「不懂得命運，無法成為一個君子；不懂得禮，無法立足社會；不懂得分析別人的言語，無法瞭解別人。」

【講解】

　　有句話叫：「有理走遍天下，無理寸步難行。」很難讓人接受。

　　首先，理是用語言來表達的，天下各地的語言不同，你很難靠「有理」走遍天下。

　　其次，有青少年朋友會說：靠翻譯啊！先不說這樣做的困難度多大，我們只需說：即使你有理，即使你的理正確，卻往往連你身邊的人都理解不了、接受不了，你就更難以讓天下各地的人所理解、所接受了。

　　應該說「有禮走遍天下，無禮寸步難行。」

　　因為禮既可以用語言表達，也可以用動作和表情表達。你用動作和表情表達的禮貌，天下各地的人往往都能看懂，而天下各地的人都歡迎有禮貌的人，所以說：「有禮走遍天下。」

　　至於「無禮寸步難行」，一個最直觀的例子：你出門問路，如果你問得沒禮貌，人家就不愛理你，你豈不真是「寸步難行」！

　　更常見的情況是：

　　如果你在學校裡沒禮貌，老師和同學就不接受你。

　　如果你在親友中沒禮貌，親友們就不喜歡你。

　　就連你在家裡沒禮貌，爸爸、媽媽也會對你生氣。

　　誰都喜歡有禮貌的孩子，誰都不喜歡沒禮貌的孩子。

　　沒有禮貌，就難以在人們中立足；如果老是這樣，長大後就難以在社會上立足。

　　所以，青少年朋友，你們一定要懂禮貌、講禮貌，做個受歡迎的人。

【範例】

　　1930年秋，聞一多應中國青島大學校長楊振聲的邀請，到該校任文學院院長兼國文系主任。青年詩人陳夢家是他的學生，很有才氣，聞一多推薦他來國文系當助教，兩個人關係很好。

　　有一次，聞一多給陳夢家寫了一封簡短的信，信上稱他為「夢家吾弟」。稱學生為弟，是一種尊敬的表示，陳夢家不懂，竟在回信時稱聞一多為「一多吾兄」。聞一多大怒，罵他不懂禮數。陳夢家終於明白這麼稱呼老師是一種失禮的做法，連忙回信承認錯誤。

　　雖然陳夢家是自己的愛徒，但在師生禮節方面，聞一多對他也要嚴格要求。

6、非禮勿視，非禮勿聽，
非禮勿言，非禮勿動

【出處】

顏淵問仁。子曰：「克己復禮爲仁。一日克己復禮，天下歸仁焉。爲仁由己，而由人乎哉？」

顏淵曰：「請問其目。」子曰：「非禮勿視，非禮勿聽，非禮勿言，非禮勿動。」

顏淵曰：「回雖不敏，請事斯語矣。」　　　　—— 顏淵篇第一

【注釋】

① 克己：克制自己的慾望，約束自己的言行。

② 復：復合。復禮：合於禮。

③ 歸仁：歸於仁德。

④ 目：具體的條目。

⑤ 事：從事，實行。

【譯文】

顏淵問仁是什麼。孔子說：「克制自己的慾望，使自己的言行都符合禮，這就是仁。一旦你這樣做了，天下的人就都會稱讚你是仁人。做到仁要靠自己，難道要靠別人嗎？」

顏淵說：「請問為仁的具體要求是什麼？」孔子說：「不符合禮的不看，不

符合禮的不聽，不符合禮的不說，不符合禮的不做。」

顏淵說：「我雖然不聰敏，請讓我照您的話去做。」

【講解】

我們都有或多或少的慾望，當我們按照我們的慾望行事時，首先要考慮會不會冒犯到別人，如果不會，再去做；如果會，就不去做。這也是以愛心、以善意對待別人。有這樣的意識，就是有仁心；按照這樣的意識去做，就是為仁。

而禮貌就是為尊敬他人、防止冒犯他人而制訂的行為準則，因而按禮貌行事，也是為仁。

青少年朋友，不要以為有了愛心、有了善意就足夠了，如果你做的事不合乎禮貌，很可能會傷害別人的自尊心，這豈不是有違你的愛心、善意？

我曾看過一個故事：有兩位同學，想幫一位家庭條件困難的同學。他們準備了一些錢和文具，但還太少，怎麼辦呢？於是有一天，他們趁那位同學不在教室，就從他書包裡拿出修過的筆、用完正面又用反面的本子給同學們看，呼籲大家一起幫助那位同學。這時，那位同學突然回來了，看到這種情景，頓時氣得滿臉通紅。他走上前一把奪過自己的筆和本子，並質問兩位同學為什麼亂動他的東西。

兩位同學雖然是好心，但他們不禮貌的舉動卻傷害了那位同學的自尊心。

給這兩位同學的教訓就是孔子所說的「非禮勿動」，此外孔子還提出了「非禮勿視，非禮勿聽，非禮勿言」，但它們只是大體的條目，你們要結合具體的情況進行權衡。另外，學校制訂的「學生守則」大都與此有關，你們要認真遵守；老師、父母也對你們進行過很多這方面的教育，你們要好好聽從。

273

【範例】

說一個「非禮勿言」的例子。

1926年，馮玉祥從蘇聯回陝時，蘇聯派來一名軍事顧問烏斯馬諾夫幫助他處理軍務。烏好打聽西北軍的情況，並常常向馮發問，漸漸涉及用人行政。馮甚不悅，一日對烏說：「你知道我們中國，『顧問』二字怎麼解釋嗎？」烏答：「不清楚。」馮告之曰：「顧者看也，問者問語也。顧問者，當我看著你，有話問你時，乃請你答覆也。」烏赧顏說：「是的，總司令不問，我便不言了。」馮怕其太難過，隨笑說：「但我一有所問，你當盡情答覆啊！」

閱讀筆記

7、文質彬彬，然後君子

【出處】

　　子曰：「質勝文則野，文勝質則史。文質彬彬，然後君子。」

── 庸也篇第六

【注釋】

① 質：內質，內容。

② 文：文采。

③ 野：山野村民。

④ 史：衙門裡的文書。

⑤ 彬彬：文質兼備的樣子。亦做「斌斌」。

【譯文】

　　孔子說：「內質勝過文采就會顯得粗野，文采勝過內質就會流於空泛。文采與內質俱佳且和諧，才算得上君子。」

【講解】

　　先說「野」和「史」：「野」指山野村民，他們雖然性情淳樸，但由於沒有知識、不懂禮貌，所以說話、做事往往很粗魯，屬於內質勝過文采；「史」指衙門裡的文書，他們寫的文章雖然很有文采，但由於沒有實際內容，所以很空洞（人們諷刺這樣的文章是「官樣文章」），屬於文采勝過內質。

我們都很熟悉「文質彬彬，然後君子」這句話，特別是「文質彬彬」這個成語，只是人們大都把這個成語曲解成了「文雅」的代名詞，其實它兼顧內質和外表，指內質和外表俱佳且和諧。

「文質彬彬」好像是說文章：一篇好文章應該是既要有文采，又要有內容，即文采和內容並茂。

但孔子卻把它落實到了人上：「然後君子」。

這就是我為什麼把它放在「孔子談孝和禮」篇中的原因，也是我為什麼把它放在本書最後的原因，因為它涉及到我們做人方面最重要的兩項內容（同時也是孔子思想中最重要的兩項內容），既然本書的核心是談做人，我想用它來做個結束。

這兩項內容就是：仁和禮。

我們做人，光有仁愛之心而不懂禮貌不行，因為那樣行事會過於粗魯，會冒犯別人的自尊心；光懂禮貌而缺乏仁愛之心也不行，因為那樣會流於虛偽（會被人稱為偽君子），而應該是既要富有仁愛之心，又很懂禮貌，並使二者協調一致。

做到這樣，才稱得上君子。

青少年朋友，你們雖然還小，但你們應該明確你們做人的方向，並從現在起朝這個方向努力。我希望你們將來都能成為君子，成為真正的君子。

【範例】

我們介紹一個春秋時期的人物。

晉國的晉悼公周子年輕時因受到族人晉厲公的排擠，在國內待不下去，只好客居到周地洛陽，在周朝的大夫單襄公手下做事。單襄公非常尊重他，經常把他

請到自己家裡做客，像招待貴賓一樣招待他。

　　雖然年紀輕輕，周子卻表現得十分老成持重。他站立時靜若處子，毫無輕浮的舉動；讀書時全神貫注，目不斜視；聽人說話時態度恭敬，很有禮貌；自己說話時語氣溫和，態度謙誠；與人相處總是十分友善、和睦。他雖然身在周地，可是只要聽到晉國有什麼災難就憂心忡忡，聽到晉國有什麼喜事就格外高興。單襄公看在眼裡，喜在心裡，認為他將來一定大有前途，很有希望回到晉國去做個好國君。因此，單襄公對周子愈來愈關心、器重。

　　幾年後，單襄公患了重病，臥床不起。他知道自己活不了多久，就把兒子單頃公叫到床前，叮囑他說：

　　「我觀察周子多年了，他是個真正的君子啊！雖然被排擠在外，他卻不以個人得失為懷，一直念念不忘自己的國家，常為晉國的命運擔憂。雖然年紀很輕，待人接物卻很有禮數。現在晉國的國君晉厲公能力不強，素質也很差，我看周子將來很有可能會回去接替他的位置。我死了以後，你一定要好好地照顧他呀！」

　　單頃公遵照父親的囑咐，在父親死後繼續盡心盡力地照顧周子，使周子非常感激。

　　過了不久，晉國果然發生了內亂，原來一直害怕失去權力而排擠王室公子的晉厲公被殺死了。於是，晉國大夫就派人到洛陽來，把周子接回去，擁戴他做晉國的國君。

國家圖書館出版品預行編目資料

一次讀完論語最精華的智慧／于德昌編著.
－－第一版－－臺北市：宇河文化出版；
紅螞蟻圖書發行，2008.1
面　　公分－－(Reading；6)
ISBN 978-957-659-650-6（平裝）

1.論語　2.注釋

121.222　　　　　　　　　　　　96024935

Reading 6

一次讀完論語最精華的智慧

編　　著／于德昌
美術構成／Chris' office
校　　對／周英嬌、楊安妮、朱惠倩
發 行 人／賴秀珍
總 編 輯／何南輝
出　　版／宇河文化出版有限公司
發　　行／紅螞蟻圖書有限公司
地　　址／台北市內湖區舊宗路二段121巷19號(紅螞蟻資訊大樓)
網　　站／www.e-redant.com
郵撥帳號／1604621-1　紅螞蟻圖書有限公司
電　　話／(02)2795-3656（代表號）
傳　　真／(02)2795-4100
登 記 證／局版北市業字第1446號
法律顧問／許晏賓律師
印 刷 廠／卡樂彩色製版印刷有限公司
出版日期／2008年1月　第一版第一刷
　　　　　　2016年8月　　　　第二刷

定價 280 元　　港幣 93 元

ISBN　978-957-659-650-6　　　　　　Printed in Taiwan